Heinz Zahrnt

Leben – als ob es Gott gibt

SERIE PIPER

Zu diesem Buch

Daß Europa einmal das »christliche Abendland« war, ist lange her. Die Aushöhlung der christlichen Tradition hat ein Ausmaß erreicht, von dem sich viele Menschen – gerade, wenn sie noch einer der Kirchen angehören – keine Vorstellung machen. Dieses Buch möchte christliches Grundwissen bieten. Zu diesem Zweck hat Zahrnt biblische Zeugnisse ausgewählt, die er als Grunddokumente der christlichen Religion vorstellt: die Schöpfungsgeschichte, die Zehn Gebote, das Vaterunser und die Bergpredigt. Die Auslegung dieser vier Dokumente hat dreierlei zum Ziel: Sie möchte Basiswissen vermitteln, zum Nachdenken anregen und zum Glauben ermutigen – und dies in einer Sprache, die begriffliche Klarheit mit plastischer Anschaulichkeit verbindet. Es geht Heinz Zahrnt darum, den Menschen anhand dieser vier Grunddokumente das Christentum zu erklären – damit sie wissen, was sie annehmen oder ablehnen.

Heinz Zahrnt, geboren 1915 in Kiel, gilt als der große alte Mann der protestantischen Theologie. Er war fünfundzwanzig Jahre lang theologischer Chefredakteur des »Deutschen Allgemeinen Sonntagsblatts« und ist seit 1960 im Präsidium des Deutschen Evangelischen Kirchentages. Sein Werk liegt im Piper Verlag vor.

Heinz Zahrnt

Leben – als ob es Gott gibt

Statt eines Katechismus

Piper München Zürich

Von Heinz Zahrnt liegen in der Serie Piper außerdem vor:
Wie kann Gott das zulassen? (453)
Die Sache mit Gott (890)
Jesus aus Nazareth (1141)
Mutmaßungen über Gott (2327)

Ungekürzte Taschenbuchausgabe
1. Auflage Dezember 1994
2. Auflage Dezember 1998

Umschlag: Büro Hamburg
Simone Leitenberger, Susanne Schmitt, Annette Hartwig
Foto Umschlagvorderseite: Shankar / Premium
Foto Umschlagrückseite: Ekko von Schwichow
Satz: FotoSatz Pfeifer GmbH, Gräfelfing
Druck und Bindung: Clausen & Bosse, Leck
Printed in Germany ISBN 3-492-21947-0

Den Enkeln

»Die Großen der Thora, mit denen du gestritten hast, haben dir Gott und sein Reich nicht auf den Tisch legen können, und auch ich kann es nicht.
Aber bedenke, vielleicht ist es wahr.«

RABBI LEVI JIZCHAK VON BERDITSCHEW

Inhalt

Verständigung mit dem Leser

Als im Oktober 1977 in Mogadischu eine Lufthansamaschine gekapert worden war, erzählte eine Stewardess hinterher in einem Interview, sie habe unablässig nur »Unser Vater im Himmel« gebetet, die zweite Zeile sei ihr nicht mehr gegenwärtig gewesen. Dieses Beispiel wirft ein Schlaglicht auf die zeitgenössische religiöse Situation.

Wir befinden uns in Europa, dem einstigen christlichen Abendland, in einem Abbruch der christlichen Tradition, von dessen Ausmaß sich viele noch gar keine Vorstellung machen. Der Faden, der unsere Zeit noch mit dem Christentum verbindet, ist hauchdünn geworden. Immer fester schließt sich die Decke des Säkularismus über unseren Köpfen. In dem eisernen Dreieck von Familie, Beruf und Freizeit scheint für Gott kaum noch Platz zu sein.

Damit kommt die Absicht des Buches in Sicht. Es möchte christliches Grundwissen bieten. Statt angesichts des allseitigen Abbruchs der christlichen Tradition das kirchliche Lehrgebäude in seinem ganzen Umfang zu restaurieren, konzentriert es sich auf die Erhaltung der Fundamente. Es riskiert für unsere Zeit, was man früher vielleicht »Katechismus«, »Unterricht in der christlichen Religion« oder auch »Das Wesen des Christentums« genannt hätte.

Wer erfahren will, was die Christen glauben, ist an die Bibel gewiesen. Ihre Zeugnisse bilden das Rückgrat der christlichen Tradition – die Geschichte des Christentums ist die Geschichte der Auslegung der Bibel.

Darum habe ich aus der Bibel vier Zeugnisse ausgewählt, die, fast schon losgelöst von ihrer biblischen Herkunft, als die *Gründungs-* und damit *Grunddokumente der christlichen Religion* gelten können: die Urgeschichte – die Zehn Gebote – das Vaterunser – die Bergpredigt. Als Schlüssel zu ihrem Verständnis soll der Begriff des *Lebens* dienen. Er begreift sowohl die Sehnsucht unserer Zeit als auch den Kern der biblischen Botschaft in sich.

In der Bibel trägt der Gebrauch des Wortes »Leben« eine eigentümliche Spannung in sich. Auf der einen Seite ist das Leben das Allernatürlichste, das schon immer und überall Gegenwärtige, die Kreativität in aller Kreatur – Gottes eigene Lebendigkeit. Auf der anderen Seite aber heißt es vom Leben, daß es noch gar nicht voll da sei, daß es noch ausstehe und in seiner Fülle immer erst noch erwartet werde.

Dieselbe Doppelbödigkeit des Wortes »Leben« spiegelt auch unsere zeitgenössische Lebenserfahrung wider: Mitten im Leben sehnen wir uns nach dem »Leben«, was immer das sei. Es ist, als hätten wir ein derartiges Versprechen erhalten, und warten nun darauf, ja suchen und jagen danach, daß es eingelöst werde und sich erfülle.

Aus dieser wechselseitigen Beziehung zwischen der zeitgenössischen Situation und der biblischen Tradition ergibt sich der Aufbau des Buches:

Die *Urgeschichte*: Der *Ursprung* des Lebens – Wer wir sind.
Die *Zehn Gebote*:
Die *Erhaltung* des Lebens – Was wir tun sollen.
Das *Vaterunser*:
Der *Grund* des Lebens – Worauf wir vertrauen.
Die *Bergpredigt*:
Das *Versprechen* des Lebens – Wonach wir uns sehnen.

Solcher Rückgriff auf die Bibel bedeutet keine Fremdbestimmung. Vielmehr löst – wie auch sonst – die Mitteilung früherer Erfahrungen anderer im Horizont der Gegenwart neue, eigene Erfahrungen aus. Entsprechend hat die Darlegung der vier biblischen Grunddokumente eine dreifache Zielsetzung: Sie möchte Wissen vermitteln, Nachdenken hervorrufen und zum Glauben ermutigen.

Welche Wahrheit ein Mensch auch wählt, er kommt nicht um die Zumutung herum, daß er sich auf etwas einlassen und einen Vorschuß an Vertrauen wagen muß. Bei der Begegnung mit dem christlichen Glauben geht es nicht anders zu. Auch er bietet eine Lebensmöglichkeit an, die man nur erproben kann, indem man es mit ihr probiert – nicht anders als bei einer Wette mit der Aussicht, zu gewinnen oder zu verlieren. Wer Gottes gewiß werden will, muß – wie auch sonst im Leben – auf etwas setzen, was er vorher nicht weiß. Er muß glauben, denken und handeln – *»als ob es Gott gibt«*. Allein so wird er erfahren, ob es ihn gibt. Gott wohnt nur dort, wo man ihn einläßt.

Wer sich auf die Vernunft beruft und deshalb nicht an Gott glauben zu können meint, hat ebenso eine Wahl getroffen wie der Gläubige. Der Rationalist besitzt für seine Behauptung, daß es keinen Gott gibt, erkenntnistheoretisch keine besseren Argumente als der Gläubige für sein Bekenntnis, daß es ihn gibt. Wie will er denn beweisen, daß Gott eine Schöpfung des Menschen und nicht der Mensch ein Geschöpf Gottes ist oder daß Jesus aus Nazareth sich Gott als Vater ausgedacht und nicht Gott sich ihm als Vater offenbart hat?

Selbst Gott wäre nicht imstande, einen wissenschaftlich unwiderlegbaren Beweis für seine Existenz zu erbringen. Kein Wunder wäre groß, keine Tat außerordentlich genug, um einen eingefleischten Skeptiker zu überzeugen. Dieser würde entweder unbeeindruckt bleiben oder das angebliche Wunder ohne Zuhilfenahme der Arbeitshypothese »Gott« zu erklären suchen.

Daß der Christ seinen Glauben nicht im Sinne eines weltanschaulichen Rationalismus zu beweisen vermag, entbindet ihn jedoch nicht von der Pflicht, ihn in kritischer Rationalität verstehbar zu machen. Bei der Begegnung mit dem Christentum handelt es sich nicht um einen blinden, willkürlichen Entschluß, sondern um ein verstehendes Ja oder Nein. Wer Nein zum Christentum sagt, sollte wenigstens verstanden haben, wovon er Abschied nimmt.

Zum Schluß erlaube ich mir noch, einen Ratschlag für die Lektüre des Buchs zu geben: Man kann es konzentriert in einem Zuge lesen – man kann sich anhand des Schlagwortverzeichnisses über die zentralen Begriffe des Christentums orientieren – und man kann schließlich jeweils einen Abschnitt lesen und das Gelesene dann in den Tag oder die Nacht mitnehmen.

Wie ich 1970 mein Buch »Gott kann nicht sterben« meinen Söhnen gewidmet habe, so widme ich dieses den Enkeln, und ich tue es wie damals mit dem beschwörenden Wort des Rabbi Levi Jizchak von Berditschew: »Bedenke: Vielleicht ist es wahr!«

Heinz Zahrnt

Die Urgeschichte

Der Ursprung des Lebens – Wer wir sind

1. Mose 1–11

Gott und die Welt

Wer, auf die Anfänge des Verstehens zurückgeworfen, neu nach dem christlichen Glauben fragt, tut es am besten so, daß er tatsächlich beim Anfang beginnt, das heißt mit der biblischen »Urgeschichte«, wie die ersten elf Kapitel der Bibel genannt werden.

In der biblischen Urgeschichte sind zwei Quellen ineinandergearbeitet: der »Jahwist« und die »Priesterschrift«. Der Jahwist ist um das Jahr 950 v.Chr. entstanden, in der Zeit der davidisch-salomonischen Ära, die Priesterschrift zwischen 538 und 450 v.Chr., nach der Rückkehr Israels aus der babylonischen Gefangenschaft. In beiden Quellen aber sind sehr viel ältere Stoffe verarbeitet; die Hand von Redaktoren hat sie schließlich zum heutigen Ganzen gefügt.

Der Jahwist ist Theologe und Schriftsteller in einer Person. Mit künstlerischer Meisterschaft und theologischer Deutungskraft erzählt er anschaulich und lebendig die Geschichte Gottes mit den Menschen. In seinem Werk verbindet sich die Ehrfurcht vor Gott mit einer ehrlichen Menschlichkeit.

Die Priesterschrift hingegen bietet, wie ihr Name besagt, priesterliche Lehre. Ihr Interesse richtet sich vornehmlich auf Gott, auf seine Offenbarungen, Ordnungen und Satzungen und ist an den Menschen nur insoweit interessiert, als sie die Empfänger der göttlichen Offenbarungen sind.

Die Urgeschichte ist derjenige Teil der Bibel, der am tiefsten in die Menschheitsgeschichte hineinreicht. Alle Völker und

Religionen haben sich über die Entstehung und Gefährdung der Welt und der Menschheit Gedanken gemacht, haben davon in Schöpfungs- und Flutsagen erzählt und sich so ihre eigene, gegenwärtige Wirklichkeit zu deuten gesucht. Entsprechend zahlreich sind die außerbiblischen Parallelen in den anderen Religionen, nicht nur in den Hochkulturen der Umwelt Israels, sondern bis hin zu den primitiven Kulturen des ganzen Erdkreises. Die Verfasser und Redaktoren der biblischen Urgeschichte haben diese Menschheitstraditionen aufgenommen und sie in ihrem Sinn verarbeitet.

»Urgeschichte« meint nicht, wie der Name vermuten lassen könnte, was einstmals vor langer Zeit, in »Urzeiten«, geschah, sondern was heute noch geschieht. In den Erzählungen von den Anfängen der Welt und der Menschheit werden die Grundfragen und -erfahrungen gegenwärtigen menschlichen Daseins erörtert: das »Elementare«, das am Menschen und seiner Welt zu allen Zeiten strukturell Gleiche.

Alle großen Themen und Rätsel zwischen Himmel und Erde und damit die Höhen und Tiefen, die Irrungen und Wirrungen des Menschengeschlechts kommen zur Sprache: Geburt und Tod, Mann und Frau, Natur und Kultur, Arbeit und Religion, Schuld und Leid, Bedrohung und Rettung, Fortschritt und Verfall. All dies wird erzählt, naiv und poetisch in mythischer Bilderrede, zeitlich wie aus weiter Ferne und dennoch menschlich ganz nahe – als ereignete es sich heute mitten unter uns.

Indem die biblische Urgeschichte vom Anfang redet, spricht sie vom Ganzen. Empirisch ist das Ganze für uns niemals erfahrbar. Wir erkennen immer nur Ausschnitte der Weltwirklichkeit, Teilstücke, die auch zusammengefügt nicht das Ganze ergeben. Nur von einem einheitlichen Ursprung her gewinnen wir einen einheitlichen Gesichtspunkt, von dem aus wir die Welt als »Universum« erblicken.

Diesen umfassenden Blick auf das Ganze eröffnet die biblische Urgeschichte. Indem sie alles, was ist, auf Gott als den einmaligen Ursprung und bleibenden Grund zurückführt, stellt sie zugleich alles Sein in einen umfassenden Horizont. Ohne das Wissen um diesen einheitlichen Ursprung und Horizont hat die landläufige Rede vom »Universum«, strenggenommen, keinen logisch zureichenden Grund. Nur von Gott her wird die Welt als ganze in Sicht und zur Sprache gebracht – nur wer das Letzte kennt, erkennt das Vorletzte.

Mag einer auch nicht glauben, was die Bibel über Gott sagt, und dies für eine Illusion halten, die durch keine Wirklichkeit gedeckt ist – was den Menschen und die Welt betrifft, wird jeder einräumen müssen, daß die Bibel hier hart an der Realität ist. Dieser Realismus hat seinen Grund aber gerade darin, daß die Bibel, wenn sie vom Menschen und der Welt redet, immer zugleich von Gott spricht. Darum sagen wir immer noch, wenn auch zumeist unbewußt: »Gott und die Welt«.

In der Urgeschichte wird die Gottesfrage in der Horizontalen, verschlüsselt in den Dingen des Lebens und der Welt, gestellt. Der innere Zusammenhang von Gott, Mensch und Welt ist hier so bestimmend dargestellt wie nirgend sonst: Gotteserfahrung und Welterfahrung des Menschen entschlüsseln sich gegenseitig. Darum muß, wer verstehen will, was die Urgeschichte über den Menschen und seine Welt sagt, sich auf ihre Vorgabe einlassen: als ob es Gott gibt.

Am Anfang schuf Gott Himmel und Erde

1–2,4

Am Anfang von allem steht Gottes Ja gegen das Nichts. Gott will die Welt, und weil Gott nicht ohne die Welt sein will, kann die Welt nicht ohne Gott sein. »Gott und die Welt« ist daher von Anfang bis Ende das Thema der Bibel. In der Schöpfungsgeschichte wird dazu der Grund gelegt und der Horizont abgesteckt. Hier wird sozusagen die Bühne aufgeschlagen, auf deren Brettern sich die Geschichte zwischen Gott und den Menschen abspielt.

Mit dem Bekenntnis zu Gott als dem Schöpfer Himmels und der Erde reiht die Bibel sich in eine allgemeine Menschheitstradition ein. Keine andere Aussage ist in den Religionen aller Räume und Zeiten so verbreitet wie die, daß die Welt von einem Gott geschaffen sei. Selbst wo die Religion sonst schon fast abgestorben scheint, hält sich der Schöpfungsglaube noch am Leben.

Hinter den weltweiten Schöpfungserzählungen steht kein theoretisches, sondern ein existentielles Interesse. Es ist geboren aus der Sorge des Menschen um den Bestand seiner Welt. Er erfährt, wie gefährdet und widersprüchlich die Welt ist, in der er lebt, wie alles Sein gleichsam umspült ist vom Ozean des Nicht-Seins – und das ist es, was ihn in die Angst und in das Fragen treibt. Gepackt vom Schock des möglichen Nicht-Seins, fragt er nach dem Grund allen Seins: Warum ist Sein und nicht vielmehr Nicht-Sein? Warum ist überhaupt etwas da und nicht vielmehr nichts da? Warum bin ich selbst da?

Nichts in der Welt ist schon immer dagewesen, und nichts

in ihr wird für immer dasein. Kein Mensch oder Ding ist in sich notwendig, sondern jedes für sich und alles zusammen beliebig. Diese radikale Zufälligkeit alles Seienden weist auf seine Hinfälligkeit – damit gilt es für den Menschen fertig zu werden. Darum seine angstvolle Frage nach dem Anfang: Woher kommt der Bestand der Welt? Wer hat das Gegebene gegeben? Und eben darum das religiöse Interesse am Ursprung der Welt und der Menschheit: warum man einen Gott als Schöpfer verehrt, seine Taten von Geschlecht zu Geschlecht in Mythen erzählt und sie in Festen und Feiern kultisch begeht. Durch solche Vergegenwärtigung des Anfangs hofft man den Fortgang der Schöpfung zu sichern.

Auch die biblische Schöpfungsgeschichte ist nicht aus intellektueller Wißbegier entstanden, um die Herkunft der Welt zu erklären und sie sich so verfügbar zu machen, sondern gleichfalls aus dem existentiellen Interesse, durch Deutung und Feier der Welt als Gottes Schöpfung dem eigenen Dasein Bestand zu verleihen. Es handelt sich im Grunde nicht um einen Bericht von der Schöpfung, sondern um einen Hymnus auf den Schöpfer. Wohl spiegelt der Text etwas vom Stand der naturwissenschaftlichen Erkenntnis zur Zeit seiner Entstehung wider, aber daran ist dem Verfasser nicht ausdrücklich gelegen. Er will nicht die Rätsel der Welt erklären, er betrachtet ehrfürchtig das Geheimnis des göttlichen Schöpfungswerks in einer Art rückwärtsschauender Prophetie.

Dem entspricht der monotone, feierliche Stil: Gott sprach – und es geschah; Gott nannte – und Gott sah, daß es gut war; – da ward aus Abend und Morgen ein neuer Tag. In dieser Stilstruktur drückt sich ein mächtiger Ordnungswille aus, der sich dem wirren Durcheinander des Chaos entgegenstellt und es Stufe um Stufe in einen sinnvollen Kosmos verwandelt.

Die Welt ist nicht ein Ausfluß des göttlichen Lebens. Gott hat die Welt auch nicht gezeugt, er hat sie ganz und gar allein nach seinem Willen und kraft eigener Macht geschaffen. Allein Gottes Schaffen verschafft der Welt Dasein. Alles in ihr ist daher von derselben Art: Es ist Gottes Geschöpf – es ist nicht Gott, aber es ist von ihm und durch ihn.

Um die Einzigartigkeit des göttlichen Schöpfungshandelns auszudrücken, unterscheidet die hebräische Sprache streng zwischen göttlichem »Schaffen« und menschlichem »Machen«. Das Wort »schaffen« bleibt allein Gott vorbehalten. Es besagt, daß nur durch Gottes Tat, ohne vorgegebenes Material und unabhängig von fremder Mitwirkung, etwas Neues, noch nicht Dagewesenes entsteht. Im Gegensatz dazu ist menschliches »Machen« stets ein abgeleitetes Tun. Von keinem Menschen kann man sagen: »Am Anfang schuf er ...« Nur mittels dessen, was Gott »geschaffen« hat, kann der Mensch etwas »machen«. Auch der genialste Künstler oder einfallsreichste Ingenieur bleibt daher stets ein zweiter. Zwischen Sternen und Satelliten besteht ein qualitativer Unterschied, und keine künstliche Intelligenz kann je zum Ebenbild Gottes werden.

»Schöpfung aus dem Nichts« – so hat die christliche Theologie den Kern der biblischen Schöpfungserzählung auf den Begriff gebracht. Dies ist ein religiöses Symbol, daher nicht naturwissenschaftlich, sondern theologisch zu verstehen. Es soll die absolute Freiheit Gottes bei seinem Schöpferhandeln, seine Unabhängigkeit von irgend etwas Vorgegebenem bezeichnen.

Dies schließt ein, daß alles Fragen nach Raum und Zeit – wann die Erschaffung der Welt geschah und was vorher war – unbeantwortet bleiben muß. Daß es eine Zeit gab, in der die Welt noch nicht da war, ist eine uneigentliche Rede, denn als die Welt noch nicht da war, gab es auch noch keine Zeit. Gott allein steht am Anfang, stete Gegenwart, ewiges Heute, erhaben über Raum und Zeit. Erst mit der Welt hat er auch Raum und Zeit geschaffen.

Der von Gott gesetzte Anfang bestimmt das Sein der Welt in ihrem Fortgang. Er ist die Ur-sache in den Sachen, der Anfang in allen Anfängen; er ereignet sich jeden Morgen neu. Einen Widerschein des ersten Schöpfungstages erleben wir im Anblick eines Sonnenaufgangs, angesichts eines neugeborenen Kindes, beim Aufstehen nach langem Krankenlager oder wenn im Frühling das erste Grün sprießt, wenn Mann und Frau ein gemeinsames Leben beginnen, wenn Kinder oder Junge flügge werden, wenn ein Volk aufsteht und sich befreit.

In allen diesen Anfängen begegnet Gottes Gnade. Es ist falsch, die Gnade Gottes ängstlich nur auf die Vergebung von Sünde und Schuld zu beschränken. Die Gnade ist keine nachträgliche Ergänzung der Schöpfung Gottes, etwa eine Art Nachbesserung zwecks Reparatur des »Sündenfalls« – sie ist der Schöpfung von Anfang an eingestiftet. Als Gottes Selbstmitteilung ist das Leben der Schöpfung Gnade.

Gnade macht deshalb die innerste Mitte aller Existenz aus. Daß ein Mensch sagen kann: »Ich bin« – das ist Gnade. Entsprechend ist der Mensch kein nachträglich Begnadigter, sondern ein von Anbeginn Begnadeter. Alles Sein und Werden in der Welt ist Gnade. Daß sich »etwas tut« – zwar nicht ohne daß wir etwas tun, aber wenn wir etwas tun –, das heißt »Gnade«. Es ist derselbe gnädige Gott, der das tägliche Brot gibt und der die Schuld vergibt.

Daß der Mensch sich nicht selbst gesetzt hat, sondern sich verdankt, ist der Erfahrungsgrund des biblischen Schöpfungsglaubens. In ihm verrät sich das Grundgesetz allen Lebens: daß Empfangen vor Handeln geht.

Wir fragen gewöhnlich zuerst: Was sollen wir tun? Aber diese gewöhnliche Frage muß beantwortet werden mit der ungewöhnlichen: Von wo empfangen wir etwas? Die Unterscheidung zwischen diesen beiden Fragen markiert den Unterschied zwischen Moral und Religion. Die Religion ist in erster Linie eine geöffnete Hand, um Gaben zu empfangen, und erst in zweiter Linie eine tätige Hand, um die empfangenen Gaben auszuteilen. Damit erinnert sie an den Ursprung und Grund allen menschlichen Daseins, an seine »schlechthinnige Abhängigkeit«. Weil Gott die Macht des Seins ist, die alle anderen Abhängigkeiten in sich schließt, darum ist die Abhängigkeit des Menschen von Gott der Grund seiner Geborgenheit in der Welt.

Das Echo der Gnade Gottes ist die Freude des Menschen. Daß ein Menschenkind sich seines Lebens in der Welt freut, ist das Höchste, was überhaupt auf Erden geschehen kann. Darin kommen Gottes Schöpfung und unsere Sehnsucht nach Leben ineins zum Ziel.

Dasein heißt: Etwas ist da – Dasein weist hin auf Schöpfung. Daseinsfreude ist Freude am Geschaffensein, mithin an etwas Empfangenem, nicht Geleistetem. Läge es an der Leistung, gelangte niemand je zur vollkommenen Freude. Freude ist das Gewahrwerden des Lebens als Geschenk: Ich lebe, ich bin da, ich freue mich meines Lebens.

Gott will das Leben – das ist die Antwort der biblischen Schöpfungsgeschichte auf die Sorge des Menschen um den Bestand der Welt.

Jedesmal ruft Gott die Geschöpfe zur Fruchtbarkeit auf und segnet sie. Das heißt, er legt seine Lebenskraft in sie hinein, damit sie sich fortpflanzen und mehren – aus sich selbst, ein jedes nach seiner Art. Wohl ist Gott die Quelle des Lebens in allem Lebendigen, aber er läßt das Leben sich selbst organisieren: »Es lasse die Erde aufgehen Gras und Kraut, das Samen bringe, und fruchtbare Bäume auf Erden – Es wimmle das Wasser von lebendigem Getier, und die Vögel sollen fliegen auf Erden unter der Feste des Himmels – Die Erde bringe hervor lebendiges Getier, ein jedes nach seiner Art: Vieh, Gewürm und Tiere des Feldes.« Die Natur ist nicht einfach die Materie, die funktioniert; sie ist vielmehr wie eine Mutter, die gebiert.

Darum: Welchen Schaden die Schöpfung auch erleiden mag, was auch immer die Geschöpfe einander antun – Gott ist und bleibt in jedem Fall ein Liebhaber des Lebens und will nicht, daß seine Schöpfung ins Nichts zurücksinkt.

Jedes einzelne Schöpfungswerk schließt mit der Billigungsformel: »Und Gott sah, daß es gut war«; nach Vollendung der ganzen Schöpfung heißt es sogar: »Und Gott sah an alles, was er gemacht hatte, und siehe, es war sehr gut.« Diese siebenmalige Bestätigung der Güte und Schönheit der Schöpfung soll besagen, daß sie dem Wesen und Willen des Schöpfers entspricht und darum vollkommen ist.

Daß Gottes Werk vollkommen ist, bedeutet ein Urteil des Glaubens über die Welt, das diese selbst zu widerlegen scheint. Unser Eindruck von der Welt ist eher der einer tiefen Zwiespältigkeit. Gewiß läßt uns die Welt auch etwas von der Schöpfergüte Gottes wahrnehmen. Aber als Gesamteindruck bleibt doch die Zwielichtigkeit: nicht ganz hell und nicht ganz dunkel, weder ganz gut noch ganz böse – darum in jedem Fall nicht vollkommen.

Aber es ist nun keineswegs so, daß der Glaube die Wirklichkeit der Welt schwärmerisch überfliegt; eher schaut er sogar genauer hin. Auch der Verfasser des Schöpfungsberichts kennt durchaus die vielfältigen Störungen in der Welt – sein ganzes Werk handelt davon. Dennoch lautet sein Urteil über Gottes Schöpfung: »Und siehe, es war sehr gut.« Das macht: Er glaubt nicht an die Schöpfung, sondern an den Schöpfer – und darum lobt er die Vollkommenheit seiner Werke. Er tut es in Ansehung Gottes – wider den Augenschein der Welt, sozusagen der scheinbar unvollkommenen Welt ins Gesicht. Und es klingt wie ein Echo auf diese Gottesgewißheit, wenn Eltern nachts ihr ängstliches Kind mit eben den Worten trösten: »Es ist doch alles gut.«

Daß die Schöpfung vollkommen ist, bedeutet gewiß keine

objektive Feststellung, die sich als Satzwahrheit ausdrücken ließe, sondern ist ein Bekenntnis des Glaubens, das seinen Ausdruck im Gotteslob findet – was freilich nicht ausschließt, daß der Glaubende zu anderen Zeiten auch vor Gott klagen und ihn sogar anklagen kann. Die Unvollkommenheit des Menschen aber ist eine Frage an den Menschen, nicht an Gott.

Das Sechstagewerk der Schöpfung zielt auf den siebten Tag: »So vollendete Gott am siebten Tag seine Werke und ruhte am siebten Tag von allen seinen Werken. Und Gott segnete den siebten Tag und heiligte ihn.« Dies ist kein Anhängsel an die Schöpfungsgeschichte – es ist ihr Höhe- und Zielpunkt.

Hier geschieht mehr als nur die Verordnung eines Ruhetages zum Zwecke der Erholung nach der Devise »Mach mal Pause«, mehr auch als die Einsetzung des Sabbats als eines einzelnen kultischen Brauchs. Am siebten Tag gelangt die Schöpfung Gottes zur Vollendung; ohne diesen Ruhetag endeten die sechs Werktage im Leeren.

Gott zieht sich nicht in sich selbst zurück und überläßt die Welt ihrem Lauf – gleich einem Uhrmacher, der sein fertiges Werk aus der Hand legt. Gott bleibt der Welt zugewandt: Er segnet und heiligt den siebten Tag und führt so seine Schöpfung ans Ziel. »Segnen« heißt, daß er ihr Dauer verleiht, »heiligen«, daß er sie über sie selbst hinausweist.

Die »Ruhe« eröffnet den Blick auf die »Transzendenz« allen Seins: daß der Kosmos nicht nur »Natur«, sondern »Schöpfung« ist und »Ewigkeit« nicht endlose Dauer der Zeit, sondern die mögliche Erfüllung jeder Zeit. Die Welt als Gottes Schöpfung wahrzunehmen und sich der Ewigkeit in der Zeit bewußt zu werden – das ist der Sinn der »Religion« und der Sabbat dafür das Sinnbild. So wird der göttliche Rhythmus von Schaffen und Ruhen zu einer Ordnung auch des menschlichen Lebens, als Wechsel zwischen Arbeit und Feier, zwischen Werktag und Ruhetag.

Gott schuf den Menschen zu seinem Bilde

1,26–31

Was ist der Mensch?
Alle Versuche, den Menschen zu definieren, leiden daran, daß sie zwar einen Teilaspekt richtig beschreiben, diesen aber unter der Hand zur Totalbestimmung erheben: Der Mensch ist, was er ißt, sagen verächtlich die Materialisten – aber er fragt über sich hinaus, dürstet nach Gott und läßt sein Leben für seine Freunde! Der Mensch ist ein Stück Natur inmitten von Natur, fahren die Vitalisten fort – aber er ist sich seines Lebens bewußt, kann es verfehlen und es sich selbst nehmen! Der Mensch ist ein Ensemble seiner Verhältnisse, definieren ihn die Marxisten – aber er kann sich selber ändern, kann seine Verhältnisse durchbrechen und sich aus ihnen befreien! Der Mensch ist ein Geistwesen, Geist unter Geistern, halten schließlich die Idealisten dagegen – aber er ist dem Tode verfallen, und es bedarf nur eines mittleren physischen Übels, sogleich ist ihm alle Metaphysik aus dem Kopf!

Alle einzelnen menschlichen Wesenszüge finden sich auch in der Bibel, aufgehoben jedoch in die eine wesenhaften Beziehung des Menschen zu Gott. Der Mensch ist das letzte göttliche Schöpfungswerk – nach ihm kommt in der Welt nur noch Gott selbst.

Es ist, als halte Gott in seinem Schaffen für einen Augenblick inne, bevor er sich an die Erschaffung des Menschen macht. Hieß es bei allen anderen Kreaturen bisher immer nur sachlich distanziert: »Gott sprach: Es werde ...«, so ist

Gott jetzt gleichsam persönlich beteiligt und spricht wie zu sich selbst: »Lasset uns Menschen machen, ein Bild, das uns gleich sei.« Und lautete die Erfüllung des göttlichen Schöpfungswortes bis dahin nüchtern: »Und es geschah«, so klingt die Erschaffung des Menschen jetzt eher nach einer feierlichen Investitur: »Und Gott schuf den Menschen zu seinem Bilde, zum Bilde Gottes schuf er ihn; und er schuf sie als Mann und Frau.«

Der Mensch wird nicht nur geschaffen – er wird eingesetzt. Er ist zwar ein Geschöpf unter Geschöpfen, aber zugleich zielt alles Geschaffene auf ihn.

Der biologische Entwicklungsprozeß wird nicht übersprungen – er bildet das Medium des göttlichen Schöpferhandelns. Der Mensch ist ein Kind der Natur, ein Glied in der Kette der Evolution. Er wird am sechsten Schöpfungstag zusammen mit den Tieren geschaffen, und Gott segnet beide und ruft sie zur Fruchtbarkeit auf: »Seid fruchtbar und mehret euch und füllet die Erde.« Demnach erscheint der Mensch als ein höher entwickeltes Tier: Er muß essen, trinken und schlafen; er pflanzt sich fort durch Zeugung, und am Ende »muß er davon wie das Vieh« (Psalm 49,13). Aber wer den Menschen allein biologisch betrachtet, gleicht einem Banausen, der beim Anblick eines Bildes von Rembrandt nur nach Farbe und Pinsel fragt oder statt des Mondes den Finger sieht, der auf ihn zeigt.

Wie kann Gott seinem göttlichen Leben anders Sinn geben, als daß er Leben schafft, und wie seine göttliche Liebe anders ausdrücken, als daß er sich ein Gegenüber erwählt? Gnade ist daher das erste Wort in der Geschichte Gottes mit den Menschen. Die Liebe ist das Menschlichste am Menschen und das Göttlichste an Gott.

Von Beginn der Schöpfung an will Gott das Heil der Welt. Darum sucht er im Menschen das Du – er hat kein anderes Du in der Welt. Menschen sind die Worte, mit denen Gott seine Geschichte erzählt. Und er lädt die Menschen ein, sich auf den Dialog mit ihm einzulassen.

Ihren Ausdruck findet die Auszeichnung des Menschen vor allen anderen Kreaturen im Symbol der »Gottebenbildlichkeit«. Wie die orientalischen Großkönige in den Provinzen ihrer Reiche Bilder von sich als Zeichen ihrer Gegenwart und Herrschaft aufstellen ließen, so ist der Mensch als Gottes Ebenbild der Repräsentant der Hoheit Gottes in der Welt.

Nur ein *Bild* – aber *Gottes* Ebenbild.

Zum Wesen des Bildes gehört es, daß es etwas abbildet und dadurch für den Betrachter erkennbar macht – die Abbildung aber ist nicht identisch mit dem Abgebildeten, sondern weist nur auf es hin. Gott wiederholt sich nicht im Menschen, aber der Mensch ist das Geschöpf, das in besonderer Weise auf den Schöpfer hinweist. Daß alle Kreatur »von Gott her« ist, kommt allein durch die Bezogenheit des Menschen »auf Gott hin« ans Licht. Ohne die Partnerschaft des Menschen hätte Gott die Welt ins Leere geschaffen. »Der Mensch ist der Beweis, daß Gott existiert.« (Heinrich Böll)

Die Gottebenbildlichkeit des Menschen besteht in weit mehr als in einigen vorzüglichen Eigenschaften, wie aufrechter Gang, Vernunft, Freiheit und Geist – sie betrifft seine Existenz insgesamt. Das ganze Sein des Menschen vollzieht sich im Gegenübersein zu Gott, so daß zwischen Mensch und Gott etwas geschehen kann und dadurch »Geschichte« in der Welt möglich wird.

Nur durch den Menschen kommt Gott in der Welt vor – er ist das einzige Lebewesen, das Gottes fähig ist. Nicht, daß Gott nicht auch außerhalb des Menschen existierte! Aber er ist allein durch den Menschen erfahrbar. So wird der Mensch zum Wahrzeichen Gottes in der Welt. Durch ihn bahnt Gott sich seinen Weg in der Weltgeschichte.

Um am Leben anderer teilzunehmen, bedarf es der Sprache. Und so ist das »Verständigungsmittel« zwischen Gott und Mensch das Wort: Wir sind »solche Geschöpfe, mit denen Gott auf ewig und unsterblich reden will« (Martin Luther). Während Gott die anderen Kreaturen wortlos ins Dasein entläßt, beginnt er mit dem Menschen sogleich über sein Dasein zu sprechen. Es ist dem Schöpfer um das Zusammensein mit seinem Geschöpf zu tun; er findet in ihm seine Resonanz. Im Gegenzug dazu gewinnt der Mensch in der Beziehung zu Gott seine »Eigentlichkeit«.

Der Mensch ist das Geschöpf, das auf Gottes Schöpfung zu »antworten« vermag. Er hat »entsprechend« Rede und Antwort zu stehen. Aber er selbst kann auch nach seinem Dasein in der Welt fragen und seinerseits von Gott Antwort auf seine Fragen erheischen. Gott fragt den Menschen: Adam, wo bist du?, und der Mensch fragt zurück: Und wo bist du, Gott?

Alles Leben in der Schöpfung hat denselben genetischen Code, das heißt, wir sind alle mit allem, was lebt, verwandt. Aber nur im Menschen gelangt der Vorgang des Lebens zum Bewußtsein seiner selbst – es ist die einzigartige Möglichkeit des menschlichen Geistes, über sich selbst nachzudenken. Damit ist der Mensch zugleich das einzige Tier, welches weiß, daß es ein Tier ist. In dem Augenblick jedoch, in dem er dies erkennt, hört er auf, ein Tier wie die anderen zu sein, und es beginnt seine »Menschwerdung«. Nur der Mensch weiß, wer er ist; nur er weiß etwas von der Entzweiung des Lebens, daß Leben gegen Leben stehen kann; und nur er weiß, daß er am Ende sterben muß.

Der Prozeß der Menschwerdung vollzieht sich im Fragen des Menschen nach sich selbst und nach der Welt rings um ihn her. Der Mensch ist das fragende Wesen in der Welt – das unterscheidet ihn von allen anderen Wesen, die wir kennen.

Zuerst fragt er, an der Oberfläche der Wirklichkeit entlanggleitend, was er essen, trinken, anziehen, was er lernen, arbeiten, schaffen soll, wie er sich erholen und vergnügen kann und was er für dies alles zahlen muß und bezahlt bekommt. Das alles sind gute, ehrliche Fragen, und niemand soll sie verachten. Auf die Dauer jedoch befriedigen sie den Menschen nicht. Darum fragt er, die Oberfläche der Dinge durchstoßend, weiter, woher er kommt und wohin er geht, was er ist und sein soll und was ihm bleibt. Zuletzt fragt er, alle Schichten der Wirklichkeit durchdringend: Was ist der Grund und Sinn allen Seins? Wozu bin ich da? Warum ist überhaupt etwas da?

In der Fragefähigkeit des Menschen verrät sich, daß er in seiner Existenz auf ein Ganzes angelegt ist. Darum treibt es ihn, immer weiter über alles Bekannte und Vorhandene hinaus zu fragen, in das noch Unbekannte und Offene hinein. Aber der Mensch kann immer nur nach etwas fragen, wovon er schon ein teilweises Wissen hat. Er könnte darum gar nicht nach dem Ganzen, ja überhaupt nicht nach der Wirklichkeit der Welt und nach der Bestimmung seines Daseins in ihr fragen, wenn von alldem nicht schon etwas in seiner eigenen Existenz anwesend wäre. Ihn würde dies alles nichts angehen, wenn er davon nicht schon angegangen wäre. Er könnte nicht nach dem Ganzen trachten, wenn ihn das Ganze nicht schon triebe. Diesen Zusammenhang zwischen dem Geschaffensein und der Fragefähigkeit des Menschen hat am treffendsten nach wie vor Augustin ausgedrückt: »Du hast uns auf dich hin geschaffen, und unser Herz ist unruhig in uns, bis es Ruhe findet in dir.«

Endliches Geschöpf eines unendlichen Gottes, zu seinem Ebenbild geschaffen, lebt der Mensch Wand an Wand mit dem Absoluten – darum ist er unheilbar religiös. Jede Auseinandersetzung über die Gesamtwirklichkeit der Welt endet im Streit um Gott.

Es macht die Größe des Menschen aus, daß er die Frage

nach sich selbst und der Welt überhaupt stellen kann, sein Elend, daß er damit nie zu Ende kommt und einer endgültigen Antwort niemals gewiß wird. Dennoch vermag er sein Fragen nach Gott und der Welt nicht zu unterdrücken. Selbst wenn die Fragen, die die gesellschaftlichen und politischen Verhältnisse betreffen, eines Tages vorläufig oder endgültig gelöst wären – das Fragen des Menschen nach sich selbst und nach dem Sinn seines Lebens in der Welt würde nicht verstummen. Unsere eigene Fraglichkeit bleibt uns als das einzig Fraglose; unsere letzte Selbstvergewisserung lautet: Ich frage – also bin ich.

Es gibt keine taugliche Anthropologie ohne den Willen zur Humanität.

Während in der altorientalischen Herrschaftsideologie nur die Könige Ebenbilder Gottes sind, liegt in der Bibel auf jedem Menschen ein Glanz von Gott. Daraus ergibt sich die Gleichheit aller Menschen – noch vor jedem Glauben und jeglichem Tun, jenseits aller Religionen, Rassen, Klassen und Nationen, entgegen allem angeblichen Erwähltsein, ob Juden, Christen, Germanen, Briten oder Franzosen. Es ist das gerechteste politisch-soziale Regulativ, das sich denken läßt. Es macht alle Menschen gleich und bewahrt jedem dennoch seine unterschiedliche Identität.

Aus dem Prädikat der Gottebenbildlichkeit folgt die Unantastbarkeit des Menschen. Jeder sollte den anderen so hoch achten wie Gott. Darum ist Sünde alles, was den Menschen kaputtmacht, was ihn kränkt, knechtet, erniedrigt, beleidigt, entrechtet – kurzum, was den Menschen »entmenschlicht« und damit Gottes Ebenbild in ihm entstellt. Jede Verletzung der Menschenrechte ist zuletzt ein Angriff auf Gott selbst.

Weil der Mensch als Gottes Geschöpf einen unermeßlichen Wert besitzt, darf er von keinem Mitmenschen »verwertet« werden: Es gibt kein »lebensunwertes Leben«. Jedes Menschenkind, das geboren wird, mag es auch noch so mißgestaltet sein, trägt das Gütezeichen »Gottes Ebenbild« an sich, ist daher unserer Pflege befohlen und nicht wie ein krankes Wild zum Abschuß freigegeben.

Gottes Ebenbild zu sein, ist des Menschen Bestimmung, oft verkannt, verleugnet und vertan. Aber noch in der Verkehrung bleibt es sein »unzerstörbarer Charakter«. Das mag einer nicht wissen oder nicht wahrhaben wollen oder sich gar dagegen sträuben: Auch das fremdeste, verruchteste und elendeste menschliche Wesen ist daraufhin anzusehen, daß es Gottes Ebenbild ist, darum würdig und wert – meine Schwester und mein Bruder.

Was also ist der Mensch?
Was die Schöpfungsgeschichte erzählt, hat der Psalmist in die knappe Aussage gefaßt: »Du hast ihn wenig niedriger gemacht als Gott.« (48,6) Also: Höher als das Tier? Nein, viel mehr: Nur wenig niedriger als Gott! Auf den Bezugspunkt kommt es an; durch seine Gottebenbildlichkeit erhält der Mensch sein Maß: weder ein Gott noch ein Tier – beides wäre maßlos.

Aber gerade seine Gottebenbildlichkeit macht den Menschen zu einem Risiko für den Schöpfer und seine Mitgeschöpfe. Denn mit ihr hat er zugleich die Freiheit erhalten, zum Rebell zu werden, sich gegen Gott zu stellen und ihm die Welt aus der Hand zu nehmen, um sie sich selber untertan zu machen.

Gott schuf den Menschen als Mann und Frau

2,18–25

»Es ist nicht gut, daß der Mensch allein bleibt; ich will ihm eine Hilfe schaffen, die ihm entspricht«, befindet Gott und erschafft als letzte Wohltat die Frau.

Weil der Mensch als Gottes Ebenbild auf ein Gegenüber hin angelegt ist, fühlt er sich einsam in der Welt und sehnt sich nach einer »Entsprechung«. Nur den Gottesgarten zu bebauen, genügt ihm nicht. Die Arbeit allein bringt keine Lebenserfüllung. Die ganze Fülle des Lebens erfährt der Mensch nur im Gegenüber zum Mitmenschen, durch ein Du, das seinem eigenen Wesen entspricht.

Und so sinnt Gott für den Menschen auf Abhilfe. Er schafft die Tiere und stellt sie ihm vor, damit er ihnen Namen gebe und sie so als seine Gefährten annehme. Aber der Versuch mißlingt. Unter den Tieren findet der Mensch nicht seinesgleichen und bleibt deshalb allein.

Da läßt Gott den Menschen in einen tiefen Schlaf fallen, entnimmt ihm eine Rippe und bildet aus ihr die Frau. Diesmal gelingt es. Darum jauchzende Bewillkommnung: Ja, das ist sie endlich, die mir entspricht – »Bein von meinem Bein und Fleisch von meinem Fleisch; man wird sie ›Männin‹ nennen, denn vom Mann ist sie genommen.«

Gott hat den Menschen als Paar geschaffen, nicht einzeln. Daher kommt erst in der Erschaffung der Frau die Erschaffung des Menschen ans Ziel. Der Mensch ist ganz Mensch erst in der Gemeinschaft, und diese hat ihren Kern in der wechselseitigen Beziehung zwischen Mann und Frau. Ohne

Frau ist der Mann, ohne Mann die Frau kein ganzer Mensch; jedem fehlt die andere Hälfte zur Ganzheit.

Die Bildung der Frau aus der Rippe des Mannes, oft verspottet und belacht, soll symbolisch ineins die Gleichheit und die Verschiedenheit im Verhältnis zwischen Mann und Frau ausdrücken: Wäre einer dem anderen völlig gleich, bliebe jeder bei sich selbst, ohne Gegenüber einsam und allein; wäre einer vom anderen gänzlich verschieden, blieben sich beide fremd, und wieder wäre jeder für sich allein. Von gleicher Art und doch verschiedenen Wesens bedeutet Ebenbürtigkeit und gegenseitige Erfüllung.

Dasselbe besagt die Namensgebung. Wenn der Mann die Frau »Männin« nennt, so soll dies seine Freude über ihre Wesensverwandtschaft, nicht seinen Anspruch auf Anverwandlung und Herrschaft bekunden – wie Liebende einander Namen geben, nicht um vom anderen Besitz zu ergreifen, sondern um sein Wesen tiefer und voller zu erfassen. Am Ende freilich bleibt alles Bemühen vergeblich, denn gerade die Liebe erkennt am anderen die Wahrheit des Satzes, daß der Mensch ein unaussprechliches Wesen ist.

Die Entsprechung zwischen Mann und Frau verwirklicht sich nicht in der Gleichheit beider, sondern in ihrer wechselseitigen Ergänzung, und diese konkretisiert sich im gegenseitigen Helfen und Verstehen.

Wenn die Frau eine »Hilfe« für den Mann genannt wird, so ist sie damit weder nur als Geschlechtswesen zwecks Fortpflanzung des Menschengeschlechts noch nur als Arbeitskraft auf dem Acker und im Haus verstanden, sondern als Partnerin im umfassenden, ganzheitlichen Sinn.

Das gegenseitige Verstehen zwischen Mann und Frau findet seinen Ausdruck im immerwährenden Dialog. Beide entsprechen einander, aber sie sagen nicht jeder dasselbe, sondern jeder das ihm Eigene und so zusammen das ihnen mögliche Ganze.

Die biblische Erzählung von der Erschaffung der Frau mündet in die Sentenz: »Darum wird ein Mann seinen Vater und seine Mutter verlassen und seinem Weibe anhangen, und sie werden *ein* Fleisch sein.« Die elementare Kraft, ja Gewalt der Liebe zwischen Mann und Frau wurzelt im Geschaffensein des Menschen durch Gott; darum ist sie ohne Schuld und Scham.

»Vater und Mutter verlassen« meint mehr als nur aus dem Elternhaus ausziehen und seinen eigenen Hausstand begründen. Es bedeutet: von der Welt der kindlichen Geborgenheit im Kreis der Familie Abschied nehmen, sich aus den angestammten Banden lösen und der unwiderstehlichen Anziehungskraft eines anderen ins Unvertraute folgen und mit ihr oder ihm ein neues, eigenes Zuhause einrichten.

Dabei gibt es keine Unterscheidung zwischen »Eros« und »Agape«, zwischen leiblicher und geistiger, geschlechtlicher und seelischer Liebe, sondern nur die eine ungeteilte Kraft der gegenseitigen Hingabe. Der elementare Drang der Geschlechter zueinander ist so stark, daß man unwillkürlich bangt, ob das gutgehen kann. Denn Mann und Frau sollen wohl *ein* Fleisch, aber nicht nur ein *Fleisch* sein!

Das Kennzeichen eines gelungenen Miteinanders ist, daß Mann und Frau sich nicht voreinander schämen und dennoch nicht schamlos werden: »Und sie waren beide nackt, der Mann und die Frau, und schämten sich nicht.«

Daß Mann und Frau sich voreinander nicht zu schämen brauchen, gilt nicht nur für die körperliche Nacktheit, sondern ebenso für die seelische Blöße. Liebende haben es nicht nötig, voreinander zu protzen und ihre Muskeln spielen zu lassen, sondern dürfen sich zeigen, wie sie wirklich sind, und fühlen sich nicht gedemütigt, wenn sie dem anderen gestehen, daß sie ihn zum Leben brauchen.

Die Zusammengehörigkeit zwischen Mann und Frau ist das Urbild menschlicher Verbundenheit. Dabei gilt es, darauf zu achten, daß man sich gegenseitig nicht überfordert, sondern im Maß des Menschlichen bleibt und vom anderen nichts Übermenschliches, gar Göttliches erwartet.

Wenn es im biblischen Schöpfungsbericht heißt, daß Gott den Menschen zu seinem Bilde und darum als Mann und Frau geschaffen habe, dann sagt dies nicht nur etwas über das Menschenbild, sondern auch über das Gottesbild aus.

Das Gottesbild eines Menschen ist stets verräterisch. Er stellt sich Gott so vor, wie er denkt, und wie er denkt, so handelt er. Im Christentum ist Gott lange Zeit einseitig als Mann gedacht worden – entsprechend männlich ging es in Kirche und Gesellschaft zu. Die Entmaskulinisierung des Gottesbildes ist daher an der Zeit.

Nun wäre jedoch nichts falscher, als wenn man sich Gott zur Abwechslung einseitig als Frau vorstellte – das würde nur die Ablösung des männlichen Götzen durch einen weiblichen bedeuten. Auch das wäre verkehrt, Gott sich auf Grund des biblischen Schöpfungsberichts zweigeschlechtlich zu denken. Der Gott der Bibel ist ein Dual, kein Hermaphrodit. Wir können von dem einen Gott nur ineins als Mann und Frau, als Vater und Mutter sprechen, wohl wissend, daß beide Vorstellungen eine menschenförmige Rede von Gott bedeuten.

Gott ist weder männlich noch weiblich – er ist göttlich. Und eben seine Göttlichkeit nötigt uns, von ihm in Bildern zu sprechen und ihn dabei auf keines festzulegen.

Und so ist dieselbe Bibel, die streng verbietet, sich von Gott ein Bild oder Gleichnis zu machen, voll von Gottesbildern. Wie Liebende sich mit immer neuen Namen nennen, so tun es auch die Glaubenden, wenn sie von Gott erzählen. Überwältigt von ihren Erfahrungen, häufen sich ihnen die Namen und Bilder.

Aber gerade die Vielfalt der Gottesbilder bewahrt den Glauben davor, Gott nur an ein einziges Bild zu heften und sich auf diese Weise ein festes Bild von ihm zu machen. Wir haben die Wahrheit Gottes immer nur in Bildern, und in keinem geht sie ganz auf – auch nicht im Bild von Mann oder Frau.

Die anvertraute Schöpfung

1,28–2,15

»Gott nahm den Menschen und setzte ihn in den Garten Eden, daß er ihn bebaute und bewahrte.« Ganz anders als üblich ist hier vom »Paradies« die Rede: sehr nüchtern und ohne phantastische Ausmalung – kein Schlaraffenland, das Genuß gewährt, sondern ein Garten, der Arbeit erfordert.

Gott vertraut dem Menschen die Herrschaft über seine Schöpfung an und macht ihn so zum »Hüter des Seins«. Um dieses Auftrags willen hat er Mann und Frau zu seinem Ebenbild geschaffen und sie mit seiner Segenskraft ausgestattet: »Seid fruchtbar und mehrt euch, füllt die Erde und macht sie euch untertan und herrscht über die Fische im Meer und über die Vögel unter dem Himmel und über das Vieh und über alles Getier, das auf der Erde kriecht.«

Der Sinn der Herrschaft des Menschen über Gottes Schöpfung ist durch ihren Mißbrauch nachträglich entstellt worden. Im Prinzip, vom Ursprung und Wesen her, handelt es sich um ein gottgegebenes Mandat. Die Erde ist nur die »Domäne« des Menschen, ein ihm anvertrautes Gut, kein eigener Besitz, und der Mensch entsprechend Gottes »Erdenbürger«, der die Schöpfung zwischen Chaos und Sabbat zu verwalten hat, um sie nicht ins Chaos zurücksinken zu lassen, sondern sie so gut wie möglich in ihrem Bestand zu bewahren.

Wie die Herrschaft des Menschen über die Erde gedacht ist, veranschaulicht das Bild vom Garten. Ein Garten verträgt keine harte Gewalttat, er bedarf einer pfleglichen Hand und eines freundlichen Zuspruchs. Nur durch behutsame Fürsorge und beharrlichen Fleiß entsteht aus einem Stück Natur ein Garten. Dabei wirken das Wachstum der Natur und die Tätigkeit des Menschen heilsam zusammen.

Geradeso – wie einen Gottesgarten – soll der Mensch die Schöpfung hüten. Dazu hat Gott sie ihm zu Lehen gegeben. Zum Zeichen dessen läßt er die Kreaturen an ihm Revue passieren, damit er ihnen Namen gebe: Wie der Mensch sie nennt, so sollen sie heißen. Namensgebung aber bedeutet Sinngebung. Sinn und Ordnung der Welt stehen mithin nicht von vornherein unverrückbar fest. Sie hängen nicht wie die Ideen bei Plato abrufbereit am Himmel, sondern Gott würdigt den Menschen, als sein Partner bei der Deutung und Ordnung der Welt mitzuwirken und mit ihm zusammen jeweils den Sinn zu entwerfen und die Ordnung zu finden.

Dieses Nominierungsrecht garantiert die Freiheit des Menschen und die Offenheit der Geschichte. Gott hat den Lauf der Welt nicht von Ewigkeit her festgelegt, er zerreißt auch nicht den Kausalzusammenhang der Natur, sondern »er macht, daß die Dinge sich selber machen« (Teilhard de Chardin). Dabei funktioniert der Mensch nicht wie eine Puppe im Marionettentheater, bei dem Gott hinter dem Vorhang verborgen die Fäden zieht, sondern er gleicht einem Schauspieler auf der Bühne, der seine Rolle frei gestaltet wie in einem Stegreifspiel, oder einem Bildhauer, der sich selbst die Form schafft, in der er leben möchte.

Echte Partnerschaft setzt auf beiden Seiten Freiheit und Initiative voraus. Darum sind der Lauf der Welt und der Gang der Geschichte dem Menschen in die Hand gegeben. Sich zwischen den verschiedenen Alternativen zu entscheiden, das Böse zu überwinden und das Gute zu wählen, ist seine Aufgabe und Last. Es ist nicht Gottes Sache, aber es ist nach seinem Herzen und geschieht in seiner heilsamen Nähe.

Nach einer jüdischen Legende ließ Gott die Tiere am Menschen und am Satan Revue passieren; beide sollten sie sie benennen. Aber der Satan vermochte es nicht; er kannte im Unterschied zum Menschen nicht ihre Namen. Damit verriet er, daß er der Ordnung und dem Sinn der Welt feind ist.

Das Mandat zur verantwortlichen Verwaltung der Schöpfung zielt nicht auf den Kult, sondern auf die Kultur.

In den sumerisch-babylonischen Schöpfungserzählungen wird der Mensch erschaffen, »das Joch der Götter zu tragen«, das heißt, die Götter zu bedienen und ihnen die Last des täglichen Daseinsapparates abzunehmen. In der biblischen Schöpfungsgeschichte hingegen richtet sich Gottes Absicht bei der Erschaffung des Menschen auf die Erhaltung der Welt. In den Garten gesetzt oder an den Acker gewiesen, auf jeden Fall in die Welt gestellt, hat der Mensch seine Bestimmung darin, auf der Erde und für die Erde zu wirken. All sein Tun ist weltlich. Auch wenn er einen Dom baut, verrichtet er kein frommeres Werk, als wenn er eine Maschine bedient oder seinen Acker bestellt.

Ermöglicht wird alle Kultur durch die Freigabe der Schöpfung an den Menschen zu weltlichen Zwecken. In der Bibel fertigt Gott nicht, wie die Götter in den vorderasiatischen Mythen, die Kulturgüter im Himmel an und reicht sie dann als fertige Produkte von oben herab auf die Erde. Der Mensch braucht auch nicht, wie in der griechischen Sage Prometheus, den Himmel zu stürmen und den Göttern das Feuer zu rauben, wofür er dann von den Göttern bestraft und von den Menschen verehrt wird. Er ist selbständig zur Kultur befähigt. Gott gönnt ihm die Gaben der Schöpfung, und er schafft aus ihnen dank der ihm von Gott verliehenen Schöpferkraft seine Werke.

Die biblische Urgeschichte verrät keinerlei Kulturpessimismus. Wohl weiß sie um die Versuchung des Menschen, die Grenzen seiner Herrschaft zu überschreiten, das gottgegebene Mandat zum Freibrief auszuweiten und Türme zu errichten, die bis an den Himmel reichen. Von ihrem Ursprung her aber bedeutet die Kultur keinen Aufstand des Menschen gegen Gott, ist sie kein Erzeugnis ängstlichen Mißtrauens oder trotziger Selbstbehauptung. In ihren Werken offenbart sich der Sinn der menschlichen Arbeit: nicht den Göttern den Himmel zu bereiten, auch nicht den Menschen auf Erden einen Himmel zu versprechen, sondern die Erde als Gottes Garten zu bebauen und zu bewahren. So entsteht durch die Arbeit des Menschen die Kultur: Gottes Mandat, aber Sache des Menschen, ein weltlich Ding und nicht sakral.

Sonne, Mond und Sterne

1,14–19

Wer wissen will, wie die Welt entstanden ist, wendet sich nicht an die Bibel, sondern an die Naturwissenschaft, an die zuständigen Fachgelehrten, an die Physiker, Astronomen und Geologen. Die Bibel gibt keine Auskunft über die Entstehung der Welt, sondern über ihren Ursprung: daß sie Gottes Schöpfung ist. Aber obgleich der biblische Schöpfungsbericht seine Entstehung nicht wissenschaftlichem, sondern religiösem Interesse verdankt, spiegelt er den Stand der Wissenschaft seiner Zeit wider und verrät deutlich Spuren naturwissenschaftlicher Erkenntnis, etwa wenn er die Entstehung der Welt in Perioden darstellt, die Pflanzen und Tiere nach Gattungen unterscheidet oder die Gestirne auf ihre bloßen Funktionen zurückführt.

Insgesamt jedoch bleibt der biblische Schöpfungsbericht mythologischen Vorstellungen verhaftet und kennt daher nicht die Unterscheidung zwischen naturwissenschaftlichem Forschen und theologischem Deuten. Dennoch stößt er in eine Richtung vor, an deren Ende folgerichtig die säkulare Wissenschaft steht. Zu Recht hat man ihn daher einen »antimythischen Mythos« genannt (Carl Friedrich von Weizsäcker).

Das Wesen der mythischen Weltordnung besteht darin, daß der Kosmos als heilig gilt, bevölkert von Göttern, Geistern und Dämonen, vor denen man sich fürchten muß und die man deshalb angstvoll verehrt. Der biblische Schöpfungsglaube aber entmythisiert die Welt. Wo Gott als der

Schöpfer des Himmels und der Erde geglaubt wird, dort ist das Weltall radikal entgöttert, und an die Stelle der Angst vor den vielen Göttern tritt das Vertrauen auf den einen Gott. Jetzt ist alles in der Welt Geschöpf und nichts mehr göttlich – kein Mensch, kein Tier, kein Baum, kein Stein, kein Stern. Nichts mehr verstellt den Blick auf die Wirklichkeit, wie sie ist. Die Welt ist weltlich geworden, und der Mensch hat die Freiheit gewonnen, sie zu erforschen.

Beispielhaft für die Entmythisierung der Welt durch den Schöpfungsglauben ist die Art, wie die Bibel die Erschaffung der Gestirne erzählt. Da wird prosaisch und ironisch umständlich geschildert, wie Gott die Sterne am Firmament gleich Lampen aufhängt, einzig zu dem praktischen Zweck, zu »scheinen« und zu »scheiden«, das heißt, Licht zu spenden und die Zeit anzuzeigen.

Welche Entthronung angesichts einer Umwelt, die voll von Gestirnglauben und Astrologie war! Statt als göttliche Mächte den Gang der Welt zu lenken und die Geschichte der Menschen zu bestimmen, müssen Sonne, Mond und Sterne ihnen jetzt als Lampen und Uhren dienen. Und der Mensch selbst wird aus einem ängstlichen Sterndeuter zu einem neugierigen Sterngucker.

Nicht nur die Gestirne, alle Kräfte und Gesetze des Kosmos büßen ihre numinose Qualität als verehrte göttliche Wesen ein und werden zu gott-losen, natürlichen Dingen degradiert. Damit ist die Welt nicht mehr Gegenstand religiöser Verehrung, sondern das Feld vernunftgemäßer Betätigung. In Zukunft bilden Vernunft und Glaube, Naturwissenschaft und Theologie zwei verschiedene Betrachtungsweisen einer und derselben Weltwirklichkeit.

Längst jedoch haben Naturwissenschaft und Technik sich der Welt bemächtigt und den Glauben fast ganz aus ihr verdrängt. Die Freude an der Macht, seine Lust zum Forschen und Herrschen und seine Jagd nach dem Glück haben den Menschen vergessen lassen, daß alles Leben auf der Erde Gott gehört und er selbst auch nur eine Kreatur unter Kreaturen ist. Er betrachtet die Erde als seinen eigenen Grund und Boden und vergißt, daß alles, womit er zu schaffen hat, von Gott erschaffen ist.

Statt als Mandatar fühlt er sich als Regent. Entsprechend behandelt er seine Mitgeschöpfe – Erde, Feuer, Wasser, Luft, Flora und Fauna – als Untertanen und geht mit ihnen um wie mit Leibeigenen, gewiß nicht ohne Verantwortung, aber ohne Ehrfurcht vor dem anderen Leben, fast nur geleitet vom Gesichtspunkt des Nutzens und der Macht und nicht achtend, wieviel Mensch die Natur überhaupt verkraften kann. Die Wahrheit des biblischen Schöpfungsberichts, daß die Erde nicht einfach Materie ist, die funktioniert, sondern einer Mutter gleicht, die das Leben aus sich selbst gebiert, scheint vergessen.

Statt am siebten Schöpfungstag zu ruhen und des Schöpfers dankbar zu gedenken, haben die Menschen sozusagen einen weiteren Schöpfungstag angehängt und an ihm eine zweite, künstliche Welt geschaffen. Dabei hat die durch den biblischen Schöpfungsglauben entbundene rationale Wissenschaft aus sich selbst einen solchen Schwung entwickelt, daß sie ständig in Irrationalismus umzuschlagen droht. Und so sehen wir uns der paradoxen Situation gegenüber, daß dieselbe Welt, die für den Menschen immer machbarer wird, sich zugleich immer mehr seinem Zugriff entzieht. Die Welt, die wir geschaffen haben, droht uns über den Kopf zu wachsen. Und nun wissen wir nicht mehr, wo uns der Kopf steht, und fangen deshalb an, unsere eigenen Geschöpfe zu vergötzen und so die Welt wieder zu vergöttern.

Aber indem der Mensch die Natur wie einen Raub an sich reißt, läuft er Gefahr, sich selbst darüber zu verlieren. Seine gewalttätige Aneignung der Welt droht ungewollt zu seiner

Selbstenteignung zu führen. Statt zu fragen, was der Schöpfung insgesamt zum Besten dient, interessiert er sich für seine eigene Selbstentfaltung und verliert im Kreisen um sich selbst den Boden unter den Füßen. Würde der Mensch sein gottgegebenes Mandat erfüllen, brauchte er sich um seine Selbstverwirklichung nicht noch eigens zu sorgen. Er hätte sich damit bereits verwirklicht als der, der er in der Welt ist und sein soll: Gottes Erdenbürger.

Der Baum des Lebens

3,1–7

Weil er Gottes Ebenbild ist, hat der Mensch – im Unterschied zu allen anderen Lebewesen – Freiheit. Aber es ist eine endliche Freiheit, weil begrenzt durch das Schicksal. Dieser Zustand macht dem Menschen Angst und führt ihn in die Versuchung: Bleibt er in der endlichen Freiheit der träumenden Unschuld, verwirklicht er sich niemals selbst. Folgt er aber seinem Streben nach totaler Selbstverwirklichung, trennt er sich von Gott, dem Ursprung und Grund seines Lebens, und entfremdet sich so von dem, zu dem er wesenhaft gehört – und kommt doch nicht völlig los von ihm, so gerne er es vielleicht möchte.

Der Mensch kann sich Gott verweigern und sich selbst verfehlen; statt sich zu verwirklichen, kann er sein Leben verwirken. Die Fehlbarkeit des Menschen ist die Kehrseite seiner Größe. Pflanze und Tier sind ihrer Bestimmung unterworfen. Das Tier geht seinen vorgeschriebenen Gang – es braucht nur seinem Instinkt zu folgen. Anders der Mensch. Er hat die Möglichkeit, unmenschlich zu werden, was im übertragenen Sinn keine andere Kreatur vermag.

So ist die Gottebenbildlichkeit des Menschen ineins Ursache seiner Größe und seines Elends. Von diesem Zwiespalt des Menschen ahnen alle tieferen Religionen, Weltanschauungen und Philosophien etwas. Sie haben daher einen Zug zum Tragischen und sind umweht von einem Hauch schwermütiger Melancholie.

Die Bibel handelt davon im Mythos vom »Sündenfall«,

und was der Mythos im Bild ausmalt, hat die Theologie gedanklich in das Symbol der »gefallenen Schöpfung« gefaßt.

Die biblische Geschichte vom Sündenfall erzählt nicht ein einmaliges historisches Ereignis aus dem Anfang der Menschheitsgeschichte, als ob der Kosmos durch eine Verfehlung des ersten Menschenpaars einen Achsenbruch erlitten hätte und einige Stockwerke tiefer auf eine niedrigere Seinsstufe herabgestürzt wäre. Sie schildert überhaupt nicht ein Geschehen der Vergangenheit, sondern deutet gegenwärtiges menschliches Dasein. Der »Sündenfall« symbolisiert, was allgemein »der Fall ist«.

In der äußeren Handlung bildet sich eine innere Geschichte ab. Man versteht diese am ehesten, wenn man sie als eine »Dreiecksgeschichte« zwischen Gott, Mensch und Mitmensch liest. Dabei wird an irgendeiner Stelle jeder sich selbst begegnen und zustimmen: Ja, so ist es.

Gott hat dem Menschen seine Schöpfung zur freien Nutzung überlassen. Von allen Bäumen im Gottesgarten darf er essen – nur nicht von dem Baum des Lebens in der Mitte, dessen Frucht die Erkenntnis von Gut und Böse verspricht. Dieses Verbot wird mit keinem Wort begründet, allenfalls mit einer Strafandrohung: »An dem Tag, an dem du davon ißt, mußt du des Todes sterben.« Das bedeutet eine Zumutung an den Menschen: Wie Gott ihm seine Schöpfung anvertraut hat, so soll er seinerseits Gott vertrauen – Vertrauen gegen Vertrauen.

Die von Gott gestellte Vertrauensfrage bringt den Menschen in Verlegenheit. Denn sie zielt auf die Mitte seines Lebens, dorthin, wo er sein Herz hat – und woran der Mensch sein Herz hängt, das ist sein »Gott«. Jeder hat in seinem Lebensgarten mindestens *einen* Baum, den er sich vorbehalten hat, von dem er partout nicht lassen will – zumeist daran zu erkennen, wofür er immer Zeit und allzeit Geld hat. Das kann bald dies, bald jenes sein: eine politische Utopie oder die eigene Karriere, ein Mensch oder die Firma, Macht, Geld oder Sex. Gott und der Teufel stecken im Detail, und das Detail wird zur Totale, die das ganze Leben, ja die Welt bestimmt.

So führt die Vertrauensfrage notwendig zum Konflikt zwischen Gott und Mensch. Dieser Konflikt bildet das Thema der Weltgeschichte, das sich in jedem einzelnen Menschenleben abspielt. Wer dies in seiner Wahrnehmung der Welt ausspart, nimmt den innersten Gang der Weltgeschichte nicht wahr.

In der Erzählung vom Sündenfall wird der Konflikt zwischen Gott und Mensch durch die Verlockung der Schlange bildhaft dargestellt. Wer die Schlange ist und woher sie kommt, wird mit keinem Wort gesagt – nur dies, daß sie wie die anderen Tiere auf dem Felde von Gott geschaffen sei. Die Schlange ist in der Bibel mithin metaphysisch harmlos! Sie hat nur die Rolle des Bösen zu spielen, ist aber keine selbständige gottfeindliche Gegenmacht.

Über die Herkunft des Bösen gibt die Bibel keine Auskunft. Es findet sich in der Welt vor als eine Möglichkeit, die durch den Menschen zur Wirkung gelangt – entzündet durch sein Mißtrauen gegen Gott. Das Böse wird mithin nicht aus dem Menschen herausverlagert, so daß dieser sich mit Hilfe einer metaphysischen Erklärung »entschuldigen« könnte.

Man versteht den Disput der Schlange mit dem Menschen am ehesten als zwei Stimmen, die im Menschen miteinander sprechen.

»Sollte Gott wirklich gesagt haben: Ihr sollt von allen Bäumen des Gartens nicht essen?« eröffnet die Schlange den Disput. Ihre Frage klingt harmlos, als habe sie Interesse an Gottes Wort – in Wahrheit jedoch möchte sie die Frau nur in ihrer Gottesbeziehung irritieren. Durch die Übertreibung des Verbots sät sie Mißtrauen und rückt Gott ins Zwielicht eines Despoten, der seinen Untertanen das volle Leben mißgönnt. Wer den Neid der Götter fürchtet, hat kein Vertrauen zu Gott – und umgekehrt: Wer kein Vertrauen zu Gott hat, der muß den Neid seiner Götter fürchten.

Sofort aber verteidigt die Frau Gott: »Wir essen von den Früchten der Bäume im Garten«, betont sie ihre Freiheit und fährt dann fort: »Nur von den Früchten des Baums mitten im Garten hat Gott gesagt: Eßt nicht davon, rührt sie auch nicht an, daß ihr nicht sterbt.« Damit übertreibt nun auch die Frau. Sie brüstet sich zuerst ihrer Freiheit und verschärft dann noch Gottes Verbot – denn nur das Essen, nicht das Berühren der Früchte hat Gott untersagt. Das verrät ihre Unsicherheit, ihre erregte Begierde – als wollte sie aus Angst vor ihren eigenen Wünschen den Baum tabuisieren. Damit gerät Gott nun auch für sie in den Verdacht, ein Tyrann zu sein. Er erscheint nicht mehr als Quelle, sondern als Grenze des Lebens und gibt damit Anlaß zu Lebensangst – es ist die ständige Angst des Menschen, im Leben zu kurz zu kommen.

Jetzt holt die Schlange zum entscheidenden Schlag aus: »Ihr werdet mitnichten des Todes sterben, sondern Gott weiß: An dem Tag, an dem ihr davon eßt, werden eure Augen aufgetan.« Die Schlange klärt die Frau über Gottes wahres Wesen auf: Nicht nur neidisch ist er, auch eifersüchtig – er bangt um seine Macht und droht nur deshalb mit der Todesstrafe. Darum keine Bange: Ohne Gott wären die Menschen frei.

Nach der Aufklärung über Gottes Ohnmacht folgt die Vision von der wahren Macht des Menschen: »Eure Augen werden aufgetan, und ihr werdet sein wie Gott und erkennen, was gut und böse ist.«

Erkenntnis des Guten und Bösen meint nicht nur eine partielle Erkenntnis – weder eine moralische noch eine sexuelle oder sonst irgendeine –, sondern unbegrenztes Erkennen schlechthin: Eindringen in alle Höhen und Tiefen des Lebens, Wissen, was dem Menschen nützt und was ihm schadet, Verfügen auch über die Rätsel und Geheimnisse der Welt. Und in alldem die einzigartige Verlokkung: Endlich Ende der endlichen Freiheit – totale Selbstverwirklichung – unendliche Daseinssteigerung – Sein wie Gott!

Da beginnt die Verführung der Schlange zu wirken: »Und die Frau sah, daß von dem Baum gut zu essen wäre, daß er eine Lust für die Augen sei und verlockend, weil er klug machte.« Schönheit, Labsal und Klugheit – was zuvor von allen Bäumen im Garten gesagt ist, scheint jetzt nur noch von diesem einen zu gelten. Er wird zum Mittelpunkt, als ob es nur ihn noch gäbe. Der Frau gehen die Augen über, sie hat den Geschmack schon auf der Zunge, dazu im Kopf den Wunsch, die Grenzen hinter sich zu lassen und neue Daseinsmöglichkeiten zu erproben.

Und da geschieht es: Sie greift nach der Frucht – man sieht die flinke, knappe Handbewegung vor sich – und ißt. Und sogleich setzt die Bewegung ihrer Hand sich fort. Sie gibt auch dem Mann, der bei ihr ist, von der Frucht, und er ißt auch. Nicht, daß die Frau verführbarer wäre als der Mann – sie gibt ihm auch nicht von der Frucht, um ihn in ihre Schuld mit hineinzuziehen, sondern um ihm am erwarteten Lebensgewinn teilzugeben.

Und tatsächlich geschieht, was die Schlange vorausgesagt hat: Mann und Frau werden die Augen aufgetan, das versprochene Wissen beginnt – sie werden gewahr, daß sie nackt sind, und schämen sich voreinander. Der Zustand der träumenden Unschuld ist vorbei. Aber die beiden wissen mit der veränderten Situation fertig zu werden. Sie sammeln Feigenblätter und flechten sich aus ihnen Schurze. Wer wie Gott sein will, muß die Welt in die Hand nehmen.

Fluch oder Segen, Verlust oder Gewinn – was bringt der Genuß vom Baum des Lebens in der Mitte des Gartens dem Menschen ein? Ganz gewiß eine Steigerung des Lebens, wie er sie ersehnt, so aber nicht erahnt hat. Durch das Überschreiten der Grenze ist sein Weg ins Hohe und Weite, ins schier Unendliche gegangen. Wissen ist Macht – aber der Fortschritt erweist sich als ambivalent. Gleichzeitig mit der Daseinssteigerung wächst auch die Daseinsgefährdung.

Die Distanz zwischen dem Endlichen und dem Unendlichen bleibt stets unendlich. Das aber bedeutet: Auch nachdem der Mensch vom Baum des Lebens inmitten des Gartens gegessen hat, bleibt seine Freiheit endlich, vom Schicksal begrenzt. Diese endliche, begrenzte Freiheit bewußt auf sich zu nehmen und die Welt demgemäß, im Maß des Endlichen, zu handhaben entspricht der Stellung des Menschen vor Gott in der Welt. Im Paradies, dem Zustand der träumenden Unschuld, lebt der Mensch in liturgischer Einheit mit Gott und der Welt. Erst mit dem Sündenfall, der aber nur anzeigt, was allgemein der Fall ist, gerät der Mensch in die Spannung zwischen Gott und Welt, und in demselben Augenblick tritt er in die Geschichte ein, alsbald selbst in Geschichten verstrickt.

Adam, wo bist du?

3,8–13

Kaum ein anderer Begriff der Bibel ist so sehr mißdeutet worden wie das Wort »Sünde«. Meistens hat man es moralisiert und überdies in die Nähe der Geschlechtlichkeit des Menschen gerückt. Sünde aber hat zuerst nicht mit Moral, sondern mit Religion zu tun. Sie betrifft die wechselseitigen Beziehungen in dem Dreieck zwischen Gott, Mensch und Mitmensch. Wo in ihm das Verhältnis zwischen zwei Größen gestört wird, ist die dritte stets in Mitleidenschaft gezogen. Die Sünde kränkt Gott in seinen Geschöpfen.

Wie das aussieht und was »Sünde« demnach bedeutet, schildert die biblische Erzählung vom »Sündenfall« so konkret, daß sie des abstrakten Begriffs dazu gar nicht bedarf.

Es geht um das Vertrauen des Menschen zu Gott, um seine Störung und Wiederherstellung. Ist das Vertrauen gestört, kann es nur so wiederhergestellt werden, daß der Mensch zu Gott zurückfindet und ihm aufs neue zu vertrauen lernt. Um ihm die Chance dazu zu bieten, geht Gott dem Menschen nach und ruft ihn wie einen Flüchtigen an: »Adam, wo bist du?«

Als dem Mann und der Frau, nachdem sie die verbotene Frucht vom Baum der Erkenntnis des Guten und Bösen gegessen haben, die Augen aufgehen und sie erkennen, daß sie nackt sind, da verbergen sie sich voreinander und vor Gott. Sie flechten sich aus Feigenblättern Schurze und verstecken sich unter den Bäumen des Gartens. Von Gott vermeintlich nicht mehr behütet, müssen sie sich jetzt ihrerseits vor ihm hüten. Doch Gott folgt ihnen in ihr Versteck und fordert sie zur Stellungnahme heraus. Er sucht sie, damit sie sich selber finden.

Aber es kommt zu keiner offenen Aussprache, es wird nur ein mühsames Verhör und ein unwürdiges Versteckspiel. Jeder redet sich heraus und sucht sich selbst zu rechtfertigen, indem er die Schuld von sich auf den anderen schiebt.

Als erster entschuldigt sich der Mann. Als Gott ihn fragt, warum er sich vor ihm verstecke, antwortet er, daß er sich vor ihm fürchte, weil er nackt sei. Das ist zwar richtig, aber es ist nur die halbe Wahrheit. Die ganze wäre gewesen, wenn er die Ursache seiner Nacktheit genannt und sich damit zu seiner Schuld bekannt hätte.

Und so fragt Gott den Mann jetzt auf den Kopf zu, ob er von dem verbotenen Baum gegessen habe. Darauf brauchte dieser wieder nur mit Ja zu antworten, aber damit würde er sich womöglich das von Gott angedrohte Todesurteil einhandeln – und so gibt er aus Angst, um die eigene Haut zu retten, die Schuld an die Frau weiter: »Das Weib, das du mir gegeben hast, gab mir von dem Baum, und ich aß.«

Die Frau, nunmehr von Gott zur Rechenschaft gezogen, reicht die Schuld ihrerseits weiter: »Die Schlange betrog mich, und ich aß.« Die Schlange selbst wird nicht mehr verhört, weil sie als Tier nicht in das Dreieck zwischen Gott, Mensch und Mitmensch hineingehört, die Herkunft des Bösen aber ohnehin nicht zu erklären ist.

So suchen lauter Schuldlose nach dem Schuldigen; jeder hält sich sein Feigenblatt vor. Am Anfang der Kette aber steht, scheinbar für alles verantwortlich, Gott: Er schuf den Mann und gab ihm die Frau, die Frau aß von der Frucht und gab dem Mann davon, und auch die Schlange ist von Gott geschaffen. So erscheint am Schluß, aufgrund des Verursachungsprinzips, Gott als der einzige Schuldige.

Der Vertrauensbruch zwischen Mensch und Gott frißt

sich fort und vergiftet alle Verhältnisse. Exemplarisch zeigt sich dies an der Beziehung zwischen Mann und Frau. Von Stufe zu Stufe läßt sich verfolgen, wie die Bindung zwischen beiden sich immer mehr auflöst.

Zuerst jauchzende Bewillkommnung: Ja, das ist sie endlich, die mir entspricht – gegenseitige Ergänzung und *ein* Fleisch. Dann aber wird auch die Ehe, diese engste Gemeinschaft zwischen zwei Menschen, von der Schuld erfaßt, und aus der Einung, in der zwei eins sind, wird Entzweiung. Beide können nicht mehr unbefangen miteinander umgehen. Aber noch halten sie zusammen in ihrer gemeinsamen Schuld vor Gott. Ihre Gemeinschaft ist wenigstens noch eine Schuldgemeinschaft, ihr Schuldig-Sein immerhin noch ein Miteinander-schuldig-Sein, auch wenn einer den anderen in seiner Schuld nicht vertreten kann. Die Solidarität in der Schuld vor Gott hätte für ihre beiderseitige Beziehung eine Chance sein können. Durch die gegenseitige Schuldzuweisung aber zerreißt auch dieses letzte Band. Auf diese Weise werden beide einsam.

Es fällt auf, daß Adam und Eva in der christlichen Kunst meist sympathisch dargestellt werden, als empfänden die Nachfahren ihr gemeinsames Schicksal mit ihnen. Die Schulderfahrung gehört notwendig zu unserer Menschwerdung – wir können nicht ewig Kinder bleiben! Was gut ist, erkennen wir nur, indem wir erfahren, was böse ist, und das Böse erkennen wir, indem wir es tun. Wie der Tänzer, wenn er im Spiegel seine Bewegungen erblickt, darüber seine Unbefangenheit verliert, sich seines Tanzes aber zugleich bewußter wird, geradeso gelangt auch der Mensch erst durch den Verlust seiner träumenden Unschuld zum vollen Bewußtsein seiner selbst. Immer erst danach, nach seiner Entscheidung und Tat, geht ihm auf, was gut und böse ist. Erst in der Rückschau erkennt Adam seine Schuld.

Die Schuldfähigkeit des Menschen weist auf seine Gottesbeziehung hin. Getrennt von Gott, dem einmaligen Ursprung und bleibenden Grund seines Lebens, ist der Mensch von dem entfremdet, zu dem er wesenhaft gehört. Dieser Zustand der Entfremdung, in dem er existiert, bedeutet eine dreifache Trennung: Getrennt von Gott, ist der Mensch zugleich getrennt von sich selbst und getrennt von seinen Mitgeschöpfen. Das ist es, was die Bibel »Sünde« nennt. Noch vor aller praktischen Tat, psychologischen Analyse und politischen Konstellation ist die Sünde ein Zustand: Sie ist der Stand der Entfremdung des Menschen von Gott – mit Moral, Vernunft und Psychologie deshalb allein nicht zu meistern.

Schicksal und Schuld laufen in der Menschheitsgeschichte wie in einem Ring ineinander. Weder erfährt der Mensch die Welt nur als ein Schicksal, für das er nichts kann, noch nur als ein Produkt seiner Schuld, vielmehr als eine unauflösliche Verkettung von Schicksal und Schuld. Und auch seine Schuld geht ihm zugleich als Schicksal und Verhängnis auf, freilich als ein Schicksal und Verhängnis, an dem er handelnd teilhat, und damit immer auch als Schuld. Der Mensch vermag das Rätsel des Bösen nicht zu lösen; er kann von seiner Macht nur erlöst werden.

Der Schatten auf der Welt

3,14–20

In der biblischen Erzählung vom Sündenfall folgen auf das Verhör des Mannes und der Frau drei Strafworte Gottes: an die Schlange, an die Frau und an den Mann. Fluch und Segen mischen sich darin – es sind sozusagen »Segensflüche«.

Das Strafwort Gottes an die Frau hört sich an wie eine Voraussage ihrer Unterdrückung in der patriarchalischen Gesellschaft: »Ich will dir viel Mühsal schaffen, wenn du schwanger wirst; unter Mühen sollst du Kinder gebären. Und dein Verlangen soll nach deinem Manne stehen, aber er soll dein Herr sein.«

Die Mühsal der Schwangerschaft und die Schmerzen bei der Geburt sind in unseren Augen keine göttliche Strafe, verursacht durch die Sünde der Frau, sondern ein von der Sünde unabhängiger »natürlicher« Vorgang. Wohl aber kann für die Frau die Beziehung zu ihrem Mann zu einem Fluch werden, wenn sie seine Gefährtin sein möchte, von ihm jedoch zur Untertanin erniedrigt wird und trotzdem von ihm nicht loskommt. Aber selbst in dieser ausweglosen Verkehrung der ehelichen Liebe bleiben der Frau die Ehre und Freude der Mutterschaft und gemeinsam mit dem Mann der Kindersegen. Die Sexualität, an sich weder gut noch böse, kann sowohl eine Quelle des Lebens als auch die Ursache großen Leids sein.

Das Strafwort an den Mann betrifft die Arbeit des Menschen: »Verflucht sei der Acker um deinetwillen! Mit Mühe sollst du dich von ihm nähren dein Leben lang. Dornen und

Disteln soll er dir tragen ... Im Schweiße deines Angesichts sollst du dein Brot essen.«

Daraus spricht eine realistische, fast schon pessimistische Einschätzung der Arbeit, fern jedenfalls von jeder Idealisierung. Die Arbeit ist kein Fluch – sie bleibt Gottes Mandat zur Verwaltung der Schöpfung und zur Schaffung der Kultur. Aber sie kann für den Menschen zu einem Fluch werden, wenn ihre Schwere seine Lebenskraft aussaugt oder er selbst sich aus eigenem Drang »überarbeitet«. In dem einen Fall wird die Arbeit zur Plage, in dem anderen zur Sucht. Disteln und Dornen wachsen auf allen Feldern der Erde, nicht nur auf Äckern und Wiesen, und ohne Schweiß gibt es keine Ernte, ja selbst mit Schweiß oft genug nur Mißerfolg. Trotz alledem liegt auf der Arbeit ein Segen – durch sie gibt Gott das tägliche Brot. Auf keinen Fall aber hat die Arbeit erlösende Kraft.

Die Schlange wird nur verflucht. Sie symbolisiert das Böse, und das ist nicht ambivalent wie die Arbeit oder die Geschlechtlichkeit des Menschen – es ist nichts als böse. Darum wird dem Menschen von Gott der immerwährende Kampf mit dem Bösen angesagt: »Ich will Feindschaft setzen zwischen dir und dem Weibe und zwischen deinem Nachkommen und ihrem Nachkommen; er soll dir den Kopf zertreten, und du wirst ihn in die Ferse stechen.« Das Böse ist heimtückisch; es greift unversehens von hinten an. Kaum hat der Mensch der Schlange den Kopf zertreten, da sticht sie ihn gleich wieder in die Ferse; kaum meint er das Böse einmal besiegt zu haben, da schlägt es schon wieder zurück. Es ist für den Menschen ein aussichtsloser Kampf; es gibt in ihm keinen endgültigen Sieg, nur ein Sich-Drehen im Kreise. Darum bedarf es des göttlichen Beistands, um den Kampf gegen das Böse durchzuhalten, und einer göttlichen Tat, um von ihm erlöst zu werden.

In den drei »Segensflüchen« spiegelt sich der zwiespältige Zustand der Welt wider. Es gehört zur Mündigwerdung des Menschen, daß er die Welt so wahrnimmt, wie sie ist, daß er sie weder verteufelt noch vergottet, sondern sie in ihrer Zwiespältigkeit erkennt und annimmt. Der Zwiespalt betrifft alle Lebensbereiche: das Verhältnis zwischen Mensch und Mitmensch – also die Gesellschaft; die Beziehung zwischen Mann und Frau – also die Ehe; den Umgang des Menschen mit der Natur – also die Arbeit; den Ausblick des Menschen auf den Tod – also das Leben insgesamt.

Von Gott kommt die große Störung nicht, auch nicht von einer widergöttlichen Gegenmacht – es ist der Schatten des Menschen, der auf der Welt liegt, das Gewicht seiner Sünde. Alle vielfältigen einzelnen Störungen haben ihre gemeinsame Ursache in dem gestörten Vertrauensverhältnis zwischen Mensch und Gott. Diese durchgängige Störung zieht die Schöpfung in Mitleidenschaft und verleiht der Welt eine Tönung ins Dunkle und ihrem Bestand eine Hinfälligkeit, die nur immer wieder aufzuhalten, der aber nicht gründlich aufzuhelfen ist.

Das Böse ist von Dauer. Es kann weder durch Bewußtseinserweiterung des Einzelnen noch durch Höherentwicklung der Menschheit überwunden werden.

Mühsal und Plage des menschlichen Lebens hören insgesamt niemals auf; für jeden Einzelnen enden sie mit dem Tod. Die Sterblichkeit wird nicht als Strafe über den Menschen verhängt, sie ist von Anbeginn mit seinem Geschöpfsein gegeben: »Du bist Erde und sollst zur Erde werden.« Von Staub zu Staub – dies ist der unüberbietbare Ausdruck der Vergänglichkeit. Alles Leben ist ein Vorlauf des Todes.

Weil der Mensch das einzige Lebewesen ist, in dem der Lebensprozeß zum Bewußtsein seiner selbst gelangt, darum ist er auch das einzige Lebewesen, welches weiß, daß es sterben muß. Mag der Unterschied des Sterbevorgangs äußerlich auch manchmal gar nicht allzu groß sein, dennoch ist der Tod für den Menschen etwas wesentlich anderes als für das Tier. Für die Tiere ist der Tod nur ein Naturvorgang und zeitliches Ungemach, auch wenn sie ihn schmerzhaft erleiden, bisweilen auch ahnen, sich deshalb sträuben, klagen und schreien.

Der Tod bringt – vom Ende her – die Zeitlichkeit in das Leben des Menschen und damit das »Tempo« – die Hetze, das Raffen, die Herrschaft der Uhr und das Machtwort des Terminkalenders. Daher haben wir niemals Zeit. Zeit hat, wer seinen Tod und seine Zeitlichkeit annimmt und Gottes Ewigkeit in aller Zeitlichkeit erkennt.

Ewiges Leben im Sinne bloßer zeitlicher Dauer wäre unerträglich. Und so erhält der Tod gleichsam eine gnädige Rückseite. Oder bedeutet es etwa keine Gnade, wenn Gott dem Menschen sein Lechzen nach »Unsterblichkeit« nicht erfüllt, sondern durch den Tod verhindert, daß er für immer lebt? Allein durch die Abschaffung des Todes entsteht noch kein ewiges Leben; dadurch ergäbe sich nur eine Fortsetzung dieses Lebens in ewiger Dauer. Und das wäre nicht zu ertragen. Sehr bald schon würden wir zum Augenblick nicht mehr sprechen: »Verweile doch, du bist so schön«, sondern würden den Tod mit allen Kräften unseres Lebens herbeiwünschen. Für immer leben – das wäre nicht das ewige Leben, es wäre die Hölle auf Erden.

Aber wie kommen wir umgekehrt auf den abwegigen Gedanken, daß mit dem Tod alles aus ist? Wenn es wahr ist, daß Gott den Menschen zu seinem Ebenbild geschaffen hat, dann leidet diese »Entsprechung« zwischen Gott und Mensch keinen Abbruch, auch durch den Tod nicht. »Gegen die Vorsehung Gottes ist kein Kraut gewachsen.« (Jung-Stilling)

Mitten in die Rede von Tod und Vergänglichkeit tönt wie

ein Zwischenruf das Wort »Leben« hinein: »Und Adam nannte sein Weib Eva, das heißt Leben; denn sie ist die Mutter aller Lebenden geworden.« Dies klingt wie der Lobpreis eines Mannes angesichts der Geburt seines Kindes. Trotz allem, trotz begangener Schuld und künftiger Drangsal – das Leben geht weiter, die Frau trägt es weiter. Denn sie ist beides: die Gefährtin des Mannes und die Mutter aller künftig Lebenden.

Jenseits von Eden

3,21–24

Begonnen hat die Geschichte vom Paradies mit dem Satz: »Gott nahm den Menschen und setzte ihn in den Garten, daß er ihn bebaute und bewahrte«, und sie endet in Entsprechung dazu: »Da wies ihn Gott aus dem Garten, daß er die Erde bebaute, von der er genommen war. Und er trieb ihn hinaus.« Dies ist die eigentliche Strafe, die Folge des Frevels: die Verbannung des Menschen aus der unmittelbaren Nähe Gottes.

Aber Gott läßt den Menschen nicht einfach laufen. Er begleitet ihn auf seinem Weg in die Fremde und behütet ihn. Er macht dem Mann und der Frau statt ihrer Feigenblätter Röcke aus Fellen und stattet sie so für das Elend aus. Der den Menschen strafende Gott ist zugleich der um den Menschen bekümmerte und sich um ihn kümmernde Gott. Er erhält die Menschen in ihrer Schuld trotz ihrer Schuld – nur so geht das Leben weiter.

Und so machen sich denn der Mann und die Frau miteinander auf den Weg in die Fremde. Dies ist ein bewegendes Bild: wie Adam und Eva, aus dem Paradies vertrieben, aber von Gott gekleidet und geleitet, miteinander losziehen, hinein in eine rätselhafte, zwielichtige Welt. Ob sie sich dabei wohl bei den Händen gefaßt haben? Sicher nicht, ohne sich unterwegs auch immer wieder loszulassen.

Es ist ein mühseliges Leben, das die beiden erwartet – im Schweiße ihres Angesichts werden sie ihr Brot essen. Aber vom Brot allein werden sie nicht satt werden.

Die Existenz »jenseits von Eden« – getrennt von Gott und doch nicht völlig los von ihm – ist der Grund, warum der Mensch im Schweiße seines Angesichts nicht nur nach Brot, sondern auch nach Sinn hungert; warum er über das Einzelne und Allgemeine hinaus nach dem Ewigen und Ganzen fragt; warum er der Welt hinter ihr Geheimnis zu kommen und ihren Grund zu erkennen trachtet. Zugleich aber ist die Existenz »jenseits von Eden« – getrennt von Gott und doch nicht völlig los von ihm – der Grund, warum der Mensch in seinem Herzen keinen Frieden findet; warum er mit seiner Jagd nach der Wahrheit nie ans Ziel gelangt; warum er nie das Ganze in den Teilen voll in den Blick bekommt; warum seine Sehnsucht nach dem Ewigen und Absoluten ungestillt bleibt; warum er mit seinen Gedanken an Gott und der Welt immer wieder vorbeitrifft. Der Mensch ist von seinem Ursprung her und seinem Wesen nach nicht nur ein Homo sapiens, Homo faber oder Homo ludens, nicht nur ein Denker, Macher oder Spieler, sondern immer auch ein Homo religiosus.

In der Religion soll das beschädigte Leben wieder zurechtgebracht werden. Aber wehe dem Menschen, wenn er den Traum von der heilen Welt, den er im Herzen trägt, zu verwirklichen trachtete, wenn er sich nicht damit begnügte, mit dem Rücken zum Paradies zu leben, sondern das Paradies hier auf der Erde aufzurichten suchte! Das wäre eine falsche Transzendenz und tödliche Illusion. Damit erläge er wieder nur der Verlockung der Schlange. Allein die Quelle des Lebens selbst vermag seinen Lebensdurst zu stillen.

Kain, wo ist dein Bruder?

4,1–16

Das Leben geht jenseits von Eden weiter. Wie vom Mann angekündigt, erweist die Frau sich als Mutter aller Lebenden. Sie gebiert einen Sohn und nennt ihn Kain, das heißt »Lanze«. Ihm folgt ein zweiter Sohn, den die Mutter Abel, das heißt »Hauch«, nennt. Die Namen der beiden Brüder deuten die Verschiedenheit ihrer Naturen an. Dazu kommt, bedingt durch die beginnende Arbeitsteilung, ihr unterschiedlicher Beruf: Abel ist Hirte, Kain Ackerbauer.

Dennoch ist es nicht der übliche Streit zwischen zwei ungleichen Brüdern, der sich abspielt. Vielmehr vollzieht der Konflikt sich in dem Dreieck zwischen Gott, Mensch und Mitmensch. Der Bruch in der Beziehung zu Gott setzt sich fort im Verhalten zum Mitmenschen. War es zuerst die Entzweiung zwischen Mann und Frau, so ist es jetzt der Zwist des Bruders mit dem Bruder.

Den Anlaß zum Streit gibt ausgerechnet die Religion – die Rivalität entsteht am Altar. Beide Brüder sind fromm, beide erkennen in den Gaben ihres Berufs den Segen Gottes. Darum bringen sie jeder Gott ein Opfer dar, der Hirte Abel von seiner Herde, der Bauer Kain vom Ertrag seiner Ernte – wie sollte es auch anders sein? Aber da geschieht es, daß Gott das Opfer Abels wohlgefällig annimmt, Kain und sein Opfer aber verschmäht.

Warum sieht Gott das eine Opfer gnädig an und das andere nicht?

O dieses Theologisieren der Theologen und Moralisieren

der Moralisten! Was hat man nicht alles an Gründen und Erklärungen beigebracht! In der biblischen Erzählung aber wird keinerlei Begründung genannt. Kein Wort etwa von einer unterschiedlichen Gesinnung der beiden Brüder, daß Abel mit lauterem, Kain aber mit unlauterem Herzen Gott seine Gabe dargebracht hätte; auch kein Wort davon, daß Kain eine mindere Gabe ausgewählt oder das Opfer nicht rituell korrekt vollzogen hätte – keine moralische Rechtfertigung, keine theologische Deutung, keine religionsgeschichtliche Erklärung – einfach nur ohne jede Begründung dies: Gott hat es so gefallen beziehungsweise mißfallen, und Gottes Wille gilt – unergründlich und deshalb unbegründbar.

Daher stellt sich uns – ohne alle Theologie und Moral – das Schicksal Kains und Abels einfach als der ungleiche Lebenslauf zweier Brüder dar: Beide stammen von denselben Eltern und sind im gleichen Hause aufgewachsen, beide haben ihren Beruf und sind in ihm fleißig – trotzdem hat nur der eine Erfolg und steigt auf der Leiter empor, während der andere zurückbleibt, lebenslang ein armer Schlucker. So eben ist es im Leben: »Denn die einen sind im Dunkel, und die anderen sind im Licht.« (Bertolt Brecht) Logisch ist es nicht einzusehen und theologisch auch nicht zu erklären. Man muß es anstehen lassen ewiglich.

Aber ebendies vermag Kain nicht. Gott gilt ihm als die Kraft, von der wortwörtlich »Gedeih und Verderb« ausgehen. Darum bleibt seine enttäuschende Gotteserfahrung für ihn kein bloßes Zeichen am Himmel, sondern hat handgreifliche irdische Folgen. Annahme des Opfers bedeutet Zuwendung Gottes und damit Förderung des Lebens, Ablehnung hingegen Abweisung Gottes und damit Schaden für das Leben. Und darum sieht Kain seinen Bruder von Gott begünstigt und gefördert, sich selbst dagegen abgewiesen und zurückgesetzt.

Abel bleibt für uns undeutlich wie ein »Hauch«, Kain aber erweckt unsere Teilnahme. Er ist kein geborener Mörder, von Grund auf nicht schlechter als sein Bruder Abel. Er fühlt sich von Gott grundlos zurückgesetzt und zweifelt darum an dessen Gerechtigkeit. Sein Gottvertrauen zerbricht an Gottes Freiheit. Darum packt ihn gleichermaßen der Zorn auf Gott und der Neid auf seinen Bruder, und er dreht durch: »Da ergrimmte Kain sehr und senkte finster seinen Blick.« Er kann beide, Gott und seinen Bruder, nicht mehr sehen.

Noch vernimmt er freilich Gottes Stimme, wie sie ihm zuredet und ihn zur Besonnenheit ermahnt: »Warum ergrimmst du? Und warum senkst du deinen Blick? Ist's nicht so?« Nicht in Gottes Ungerechtigkeit liegt der Grund für seinen Zorn und Neid, sondern in ihm selbst, in seinem Mißtrauen. So sucht Gott Kain vor sich selbst zu schützen: Die Sünde lauert vor seiner Tür – aber er brauchte sie nicht einzulassen und ihr in seinem Leben keinen Raum zu geben. Vertraute er Gott, würde er sich über dessen scheinbare Ungerechtigkeit nicht empören und seinem Bruder Gottes Gunst gönnen.

Dies ist einer jener Momente, in denen ein Halt im letzten Augenblick noch möglich erscheint, aber auch einer jener, in denen es nach kurzem Halten dann doch keinen Halt mehr gibt. Statt sich mit seinem Bruder auszusprechen oder ihn auch nur gelassen seinem eigenen Leben zu überlassen, lockt Kain ihn hinaus aufs freie Feld, wo sie niemand sieht, und schlägt ihn wortlos tot. So meint er sich den Bruder, den er vor Neid nicht mehr sehen kann, aus den Augen zu schaffen.

Kaum hat Kain den Mord begangen, da überfällt ihn Gottes Stimme. Er muß sich für seine Tat verantworten. Daß er für sein Tun verantwortlich ist – anders als der Hamster für seine Gefräßigkeit, der Vesuv für seinen Ausbruch oder der Nil für seine Überschwemmungen –, darin erweist sich, trotz seiner Unmenschlichkeit, nach wie vor seine Würde als Mensch. Man kann einen Menschen nicht weniger ernst nehmen, als wenn man ihn nicht mehr auf seine Schuld anspricht und zur Verantwortung zieht. Erst damit haben wir ihn endgültig abgeschrieben.

Im Verhör Adams hat Gott den Menschen nach sich selbst gefragt: »Adam, wo bist du?« – jetzt wird der Bruder nach dem Bruder gefragt: »Wo ist dein Bruder Abel?« Schroff antwortet Kain darauf: »Ich weiß es nicht« – obwohl er sehr wohl weiß, daß dieser, von ihm erschlagen, irgendwo draußen verscharrt liegt. Die Lüge muß den Mord decken – und nicht genug, zynisch fragt Kain zurück: »Soll ich meines Bruders Hüter sein?« Das ist ein geistreiches Wortspiel, denn Abel war Hirte, so daß Kain gleichsam fragt: Soll ich etwa des Hirten Hirte sein? Es ist nicht schwer, geistreich zu sein, wenn man lieblos ist.

Da sagt Gott Kain seine Schuld auf den Kopf zu: »Was hast du getan! Die Stimme des Blutes deines Bruders schreit zu mir von der Erde.« Kain ist seinen Bruder Abel nicht losgeworden. Mord ist niemals eine Lösung, der Tod kein Allheilmittel. Aus den Augen, aus dem Sinn – das gelingt nicht. Abel ist zwar tot, aber die Erde sträubt sich gegen Kains Untat. »Die Stimme des Blutes deines Bruders schreit zu mir von der Erde« – das ist einer der monumentalen Sätze der Bibel, der keiner Erklärung bedarf. Er hat seine Geltung durch die Jahrtausende der Menschheitsgeschichte und erhält sie in jeder Generation neu. Aus ihm spricht die Sehnsucht, daß der Mörder nicht über das unschuldige Opfer triumphieren möge (Max Horkheimer).

Die Antwort der Bibel darauf lautet: Es ist einer da, der das Blut der unschuldig Geopferten schreien hört. Einen »perfekten Mord« gibt es nicht – nicht weil die Polizei oder Justiz stets zur Stelle wäre, sondern weil Gott stets in Hörweite bleibt. Die Erde scheint die Toten zuzudecken, aber da hilft kein Verscharren und Verstecken – Gott hört ihr Schreien.

Als ertrüge die von Abels Blut getränkte Erde den Mörder nicht, verflucht Gott Kain und verurteilt ihn zur Heimatlosigkeit: »Wenn du den Acker bebauen wirst, soll er dir hinfort seinen Ertrag nicht geben. Unstet und flüchtig sollst du sein auf Erden.« Damit wird Kain der Boden unter den Füßen weggezogen. Fern von Gott und ausgestoßen aus der menschlichen Gesellschaft, scheint er aus dem Lebensdreieck zwischen Gott, Mensch und Mitmensch verbannt zu sein. Unbehaust muß er fortan auf der Erde wohnen.

Angesichts einer solchen Zukunft überfällt Kain das Grauen. Nicht über seine Schuld erschrickt er, sondern über das Ausmaß seiner Strafe: »Meine Strafe ist zu schwer, als daß ich sie ertragen kann«, klagt er. Und Gott erhört Kain, obwohl er keine Reue zeigt, nur Selbstmitleid. Wie er zuvor das Schreien des Blutes des Ermordeten vernommen hat, so hört er jetzt auf die verzweifelte Klage des Mörders. Er hebt die Strafe nicht auf, die Ausstoßung bleibt bestehen, aber er begrenzt ihre möglichen Folgen. Er gibt Kain nicht an die anderen Menschen preis, sondern stellt ihn auch in der Fremde, obwohl entfernt aus seiner Nähe, unter seinen Rechtsschutz. Selbst das Leben des Brudermörders bleibt unantastbar, und Gottes Macht reicht über Kanaan hinaus.

Zum Zeichen dessen macht Gott ein Zeichen an Kain. Dies Kainsmal bedeutet Fluch und Schutz ineins. Es kennzeichnet Kain als Brudermörder, zieht aber zugleich einen Schutzkreis um ihn, damit er nicht, vogelfei, für jedermann zum Freiwild werde. Auch der Verbrecher verliert seine Menschenwürde nicht, er bleibt Gottes Eigentum und damit menschlicher Willkür entzogen. Die Gesellschaft darf nicht nach Belieben mit ihm verfahren, sondern muß sich vor ihrer eigenen Rachgier schützen.

In jeder Lebenslage bleibt der Mensch als Gottes Geschöpf in Hör- und Reichweite seines Schöpfers: der Terrorist ebenso wie seine Fahnder, der Gefangene ebenso wie seine Wächter, die Anverwandten des Attentäters ebenso wie die Angehörigen des Opfers. Immer behält sich Gott das letzte Wort vor.

»So ging Kain hinweg von dem Angesicht Gottes und wohnte im Lande Nod, jenseits von Eden, gegen Osten.«

Kain hat die Geborgenheit verloren und muß unstet und flüchtig werden, weil er kein Vertrauen hat. Sein Mißtrauen und, aus diesem geboren, seine Lebensangst sind der tiefste Grund für den Zorn auf Gott und den Neid auf seinen Bruder. Hätte Kain Gott vertraut, dann hätte er seine Verborgenheit ausgehalten und sie nicht als Ungerechtigkeit mißdeutet.

Heimatlosigkeit ist die Folge des Verlustes vertrauensvoller Geborgenheit. Sie führt nicht unbedingt über Landesgrenzen hinaus und läßt sich nicht in Kilometern messen. Ein Mensch kann auch in seinem Haus, ja selbst im Kreis der eigenen Familie unstet und flüchtig sein. Blaise Pascal befand, »daß alles Unglück der Menschen *einem* entstammt, nämlich, daß sie unfähig sind, in Ruhe in ihrem Zimmer zu bleiben«.

Beheimatet ist der Mensch überall dort, wo er vertrauen kann und sich deshalb geborgen weiß. Geborgen kann er dann selbst in der Ungeborgenheit sein. Und wer vertraut und sich geborgen weiß, kann seinem Bruder gelassen zuschauen, wenn es ihm gut, ja sogar besser als ihm selbst geht. Er gönnt ihm sein Leben, den Segen des Himmels ebenso wie die Wohlfahrt auf Erden.

Richtig verstanden hat die biblische Erzählung von Kain und Abel, wer die Frage an Kain: »Wo ist dein Bruder, Abel?« an sich selbst gerichtet hört: Wo ist mein Bruder, wo ist meine Schwester? Gottes Stimme ist die Stimme der Opfer in unserem Gewissen.

Unbehaust und flüchtig

4,17–6,4

Und wieder geht das Leben weiter: Kain, der Mörder auf der Flucht, heiratet, zeugt einen Sohn und baut eine Stadt. So entsteht nach dem Brudermord neue Gemeinschaft.

Kain und seine Nachkommen werden zu Trägern des kulturellen Fortschritts. Ohne Argwohn wird davon berichtet: von Erfindungen und Errungenschaften, von nomadischer und seßhafter Lebensweise, von Flöten- und Zitherspiel, von Erzgewinnung und Schmiedekunst. In diesen kulturellen Leistungen spiegelt sich beides wider: das notwendige Machen des Homo faber und das zweckfreie Schaffen des Homo ludens. Es mutet wie eine Suche nach Heimat in der Unbehaustheit jenseits von Eden an.

Der Fortschritt jedoch hat seine Kehrseite: Was das Leben menschlicher macht, scheint die Menschen gleichzeitig weiter von Gott wegzuführen – als liefe parallel zum äußeren Fortschritt der Prozeß einer inneren Verwahrlosung. Und so singt Lamech, ein Nachkomme Kains, vor seinen Frauen ein schauriges Prahllied:

»Ada und Zilla, hört meine Rede,
ihr Weiber Lamechs, merkt auf, was ich sage:
Kain soll siebenmal gerächt werden,
aber Lamech siebenundsiebzigmal.«

Es ist ein wildes Lied menschlicher Selbstbehauptung in Gestalt männlichen Größenwahns. Lamech führt sich als ein

»Mordskerl« auf und prahlt mit seiner Kraft vor seinen beiden Frauen. Er nimmt Gott das Schutz- und Strafamt aus der Hand und reißt das Recht, über Tod und Leben zu gebieten, an sich. Dazu sollen seine beiden Frauen ihm Beifall spenden. Es ist das Imponiergehabe der Helden nach der Rückkehr aus der Schlacht, ein Gemisch aus Ehrsucht, Machtrausch und Begierde, eine kompakte »Fleischeslust«: Vom Kampfplatz der Männer führt der Weg ins Bett der Frauen.

Mit dem Fortgang der Geschichte schreitet auch die Sünde der Menschen fort. War Kains Brudermord noch fast ein zufälliger Totschlag, so geschieht Lamechs Töten zielbewußt: Siebenundsiebzigmal droht er sich an seinen Feinden zu rächen. Dies ist die Wurzel aller Abschreckungstheorien – man ahnt die künftigen Greuel der Menschheitsgeschichte.

Der Mensch mordet – aber das Leben läßt sich nicht vernichten, denn in ihm waltet verborgen Gottes Schöpferkraft. Und so wird für den erschlagenen Abel alsbald ein neuer Sohn mit Namen Seth geboren. Während der Mensch eine Neigung, fast eine Leidenschaft hat, Leben zu zerstören, ist Gott ein Liebhaber des Lebens, sucht es zu retten und zu bewahren.

Diese göttliche Passion für das Leben findet in der biblischen Urgeschichte ihren Ausdruck in den so langweilig anmutenden monotonen Geschlechtsregistern: »Als Adam 130 Jahre alt war, zeugte er einen Sohn und nannte ihn Seth, lebte danach noch 800 Jahre und zeugte Söhne und Töchter, so daß sein ganzes Leben 930 Jahre dauerte; dann starb er. Als Seth 105 Jahre alt war, zeugte er Enosch, lebte danach noch 807 Jahre und zeugte Söhne und Töchter, so daß sein ganzes Leben 912 Jahre dauerte; dann starb er. Als Enosch 90 Jahre alt war, zeugte er Kenan, lebte danach noch 815 Jahre und zeugte Söhne und Töchter, so daß sein ganzes Leben 905 Jahre dauerte; dann starb er ...« Und so geht es fort bis zu Noah und der Sintflut.

Die Geschehnisfolge der Geschichte stellt sich als eine Geschlechterkette dar. Der Rhythmus von Zeugung, Geburt, Lebensdauer und Tod bildet den Grundstrom allen geschichtlichen Geschehens. Er verbürgt den Fortgang von Geschlecht zu Geschlecht und garantiert so die Kontinuität und Einheit des Menschengeschlechts.

Ob er es weiß oder nicht, ob er es wahrhaben will oder nicht – im Augenblick seiner Geburt tritt der Mensch zugleich mit seinem Eintritt in eine Geschlechterfolge in eine Gottesbeziehung ein. In allen Menschen wirkt gleichermaßen Gottes Schöpferkraft. Damit ist im bloßen Lebendigsein jedes Menschen, unabhängig von Zeit, Ort, Rasse, Volk oder Religion, eine Beziehung zu Gott vorgegeben.

Auf der gottgeschaffenen natürlich-biologischen Grundlage basiert auch alle Politik. Sie ist zugleich ihr Grund und ihre Aufgabe; von ihr lebt sie, und sie zu erhalten ist ihr einziger Sinn. Was sie darüber hinaus will und tut, das ist von Übel.

Aber ausgerechnet die Zeugungskraft des Menschen, von Gott eingesetzt, um das Menschengeschlecht zu erhalten, wird pervertiert. In den »Engelehen« gelangt die Entfremdung des Menschen von Gott zum Höhepunkt: »Als die Menschheit anfing, sich auf Erden zu vermehren, und ihnen auch Töchter geboren wurden, da sahen die Gottessöhne, wie schön die Menschentöchter waren, und nahmen sich zu Frauen, welche sie nur wollten.«

Damit gerät das Geschlechtliche in den Bann des Dämonischen. Denn die Ehen zwischen Gottessöhnen und Menschentöchtern bedeuten die Übersteigerung des Menschlichen ins Übermenschliche durch eine genealogische Überhöhung mit Hilfe göttlicher Lebenskraft. Durch diese Verbindung entstehen Übermenschen. Alles Übermenschliche aber droht ins Unmenschliche abzusinken; Titanismus ist am Ende immer tödlich. Darum greift Gott gegen die schöpfungswidrige Verbindung ein und setzt der Lebensdauer des Menschen eine endgültige Grenze, ihn auf diese Weise an seine Kreatürlichkeit gemahnend: »Mein Geist soll nicht ewig im Menschen walten, dieweil auch er Fleisch ist.«

Dies ist das letzte Wort Gottes vor der Sintflut – fortan schweigt er.

Inmitten der Erzählungen vom fortschreitenden Abfall der Menschen von Gott finden sich zwei kurze Sätze, fast nur Satzsplitter, die wie Pflöcke in der Flut stehen.

Die Erzählung vom Schicksal Kains und seiner Nachkommen im Lande Nod jenseits von Eden endet mit dem knappen Satz: »Zu der Zeit fing man an, den Namen des Herrn anzurufen.« Dies ist eine rätselhafte Notiz. Religionsgeschichtlich stimmt sie nicht, und wie sie in den Text hineingeraten ist, läßt sich auch nicht mehr ermitteln. Inhaltlich jedoch leuchtet der Satz an dieser Stelle ein. Er will besagen: Zur gleichen Zeit, in der die Empörung der Menschen gegen Gott wächst und Lamech sein trotziges Lied anstimmt, gibt es Menschen, die den Namen Gottes anrufen und sich vor ihm beugen. Darin kündet sich eine Erfahrung der Religionsgeschichte an: Eine Minderheit inmitten von Gleichgültigkeit und Unglauben – das ist das Schicksal der Gläubigen, wenn es mit der Religion ernst wird.

Einer wird in Adams Geschlechtsregister ausdrücklich hervorgehoben und mit Namen genannt: Henoch – von ihm heißt es, er sei mit Gott gewandelt, und darum habe dieser ihn am Ende zu sich entrückt. Er ward nicht mehr gesehen.

Die große Flut

6,5–8,20

In vielen Religionen sind die Schöpfungsgeschichten von Anfang an mit Fluterzählungen verbunden: Dieselben Götter, die die Erde und die Menschheit geschaffen haben, vernichten sie aus eigenem Entschluß auch wieder. Diese Vorstellung stammt aus größerer Tiefe als nur der Erinnerung an vorgeschichtliche Flutkatastrophen, an Wassernot und Überschwemmungen. Es ist ein ahnungsvolles Wissen um die Möglichkeit eines totalen Endes der Welt, nicht nur des einzelnen Menschenlebens, sondern der Erde und Menschheit insgesamt: Wie die Schöpfung als ein Ganzes entstanden ist, so wird sie auch als ein Ganzes vergehen.

Daß der Mensch Anfang und Ende, Schöpfung und Flut in Entsprechung zueinander denken kann, erhebt ihn über alle übrige Kreatur. Zugleich tritt damit der Gedanke an eine Rettung der Erde und Menschheit, an ihre Fortdauer durch Erneuerung ins Bewußtsein. Die Vorstellung von Urzeit und Endzeit, von Untergang und Rettung scheint tief in den Seelen der Menschen eingewurzelt zu sein.

Das Motiv von Schuld und Strafe ist in den Fluterzählungen nicht ursprünglich, tritt aber schon früh hinzu. In der biblischen Geschichte von der Sintflut ist es beherrschend.

Die Erzählung beschreibt einen Kreis: Am Beginn steht der Entschluß Gottes, die Menschheit, weil sie aussichtslos böse geworden ist, zu vernichten, am Ende der gegenteilige Entschluß, die Menschheit, obwohl sie aussichtslos böse ist, niemals wieder zu vernichten, sondern sie künftighin zu bewahren. In Gott scheint sich ein Wandel vollzogen zu haben. Gericht und Gnade laufen in seinem Handeln wie in einem Ring ineinander.

Am Anfang hat es von Gottes Schöpfung geheißen: »Und siehe, es war sehr gut.« Von dieser Güte scheint nichts mehr übriggeblieben zu sein: Das Paradies ist verloren, Adam und Eva nähren sich mühsam vom Acker voll Dornen und Disteln, Abel liegt irgendwo erschlagen, Kain ist unstet und flüchtig, Lamech singt sein gottloses Prahllied, und die Gottessöhne vermischen sich mit den Menschentöchtern. Das Zusammensein von Schöpfer und Geschöpf droht zu zerbrechen. Obwohl der Mensch sich Gott verdankt, versagt er sich ihm.

Aber gleichzeitig mit dem steigenden Abfall der Menschen ist auch dies geschehen: Gott macht Adam und Eva Röcke aus Fellen und geleitet sie auf ihrem Weg ins Elend; Kain erhält zum Schutz seines Lebens von Gott ein Zeichen; als Ersatz für Abel wird Seth geboren, Städte werden gebaut, Kultur entsteht. Mit alldem errichtet Gott Dämme gegen die Sünde, um die Situation erträglich zu machen.

Trotz aller Schutz- und Strafmaßnahmen aber gelingt es Gott nicht, dem Lauf der Sünde Einhalt zu gebieten und die Menschen vor sich selbst zu bewahren. Die Erschaffung des Menschen scheint mißlungen zu sein. Das Böse hat auf der Erde überhandgenommen; es hat sich so gesteigert und verdichtet, daß die ganze Menschheit davon erfaßt und in ihrem Kern getroffen ist. Und so widerruft Gott sein Schöpfungswort und beschließt, alle Menschen und auch alle Tiere von der Oberfläche der Erde zu vertilgen.

Zuerst erschafft Gott die Menschen, dann vernichtet er sie – dieser Widerspruch, in der polytheistischen Umwelt auf zwei Götter verteilt und damit gemildert, ist in der Bibel in den einen Gott hineinverlegt und dadurch verschärft.

Zwar ist damit eine höhere Stufe der Religionsgeschichte erreicht, aber die Herausforderung an den Glauben zugleich gewachsen. Beim Lesen des biblischen Textes spürt man, wie die Verfasser, wenn sie sich mit dem Stoff abmühen, im Grunde um Gott ringen.

Zwei Vorlagen – »Jahwist« und »Priesterschrift« – sind in der biblischen Sintfluterzählung ineinandergearbeitet. Zwischen ihnen liegt ein halbes Jahrtausend biblischer Geschichte – entsprechend interpretieren sie ihre Erfahrungen mit Gott in der Welt verschieden. Beide tun es in menschenförmigen Bildern und Begriffen – wie sollten sie auch anders von Gott reden können? Das Interesse der Bibel richtet sich in erster Linie nicht darauf, Gott zu vergeistigen, sondern ihn als lebendig zu erweisen: Gott ist keine Idee und kein Prinzip, sondern begegnet persönlich. Durch die menschenförmige Rede wird er den Menschen bildhaft vorgestellt, aber er wird durch sie nicht vermenschlicht.

Der Jahwist leidet erkennbar mehr unter dem unerklärlichen Zwiespalt in Gott als sein priesterlicher Kollege. Darum denkt er auch menschlicher über ihn und schildert, selber bewegt, Gottes innere Bewegtheit: Es reut den Schöpfer, die Menschen geschaffen zu haben; es ist ihm leid, der Richter seiner eigenen Geschöpfe zu sein.

Ganz anders die Priesterschrift. Erbarmungslos, ohne eine Spur von Anteilnahme teilt Gott hier Noah seinen Beschluß mit: Die Menschheit ist verderbt, darum muß sie untergehen.

Der rätselhafte Zwiespalt in Gottes Handeln wird überbrückt durch seine Absicht, nicht die ganze Menschheit für alle Zeiten auszutilgen, sondern einen Rest durch die Flut hindurchzuretten, um mit ihm eine neue Weltzeit beginnen zu lassen. Dieser die Menschheit repräsentierende Rest soll Noah mit seiner Familie sein. Auch von ihm erzählen die beiden Quellen auf verschiedene Weise.

In der Priesterschrift wird Noah von Gott aufgrund seines Verdienstes erwählt: weil er im Gegensatz zur verderbten Menschheit ein frommer, rechtschaffener Mann geblieben ist. Auch seine Strafabsicht und wie er sie durchzuführen gedenkt, teilt Gott Noah von Anfang an mit, so daß diesem der Befehl, eine Arche zu bauen, sogleich einleuchtet.

Beim Jahwisten heißt es dagegen von Noah nur, daß er Gnade vor Gott gefunden habe. Der Grund wird nicht genannt – Gottes Gnade ist grundlos und deshalb unergründlich. Noah wird ohne Verdienst erwählt – als Gottes Werkzeug. Ohne seinen Plan zu enthüllen, befiehlt Gott ihm, eine Arche zu bauen. Und Noah gehorcht. Er baut, ohne den Sinn darin zu erkennen, nach Gottes Angaben ein Schiff auf dem Trockenen: ein riesiges Hausboot aus Zypressenholz mit drei Stockwerken, 150 Meter lang, 25 Meter breit, 15 Meter hoch – für antike Verhältnisse ein unvorstellbar großes Schiff. Erst beim Betreten der Arche erfährt Noah, was das Ganze bedeutet. Im Vertrauen auf Gott geht er ins Dunkle, Unbekannte hinein. Aber nicht sein Glaubensgehorsam rettet die Erde, sondern Gottes Erbarmen.

Alle Kreatur soll gerettet werden, nicht nur Noah mit seiner Familie, auch die Tiere. Es hatte die Aufgabe der Menschen sein sollen, Gottes Schöpfung zu erhalten. Aber sie haben versagt. Jetzt soll Noah diesen Auftrag übernehmen. Auf Gottes Geheiß wählt er von allen Tieren auf der Erde je ein Paar aus und nimmt es mit in die Arche. Dann geht er selbst mit seiner Familie hinein, und Gott schließt hinter ihm zu: Der Rest des Lebens auf der Erde befindet sich in der Arche – alles Leben draußen ist dem Untergang geweiht.

Die Priesterschrift schildert die Sintflut als eine kosmische Katastrophe. Himmelsozean und Urmeer, bei der Schöpfung durch das Firmament voneinander geschieden, brechen gleichzeitig von oben und unten auf die Erde los. Das bedeutet den Untergang der Welt – der Kosmos sinkt ins Chaos zurück. Die Erde wird wieder wüst und leer. Es ist eine mitleidslose Schilderung. Kein Wort über die Schrekken und Leiden der Menschen, die von den Fluten verschlungen werden. Der Blick der Priesterschrift ist allein dem göttlichen Geschehen zugewandt. Voll Ehrfurcht hängt das Auge nur an der Majestät Gottes, der sich im Gericht an den Menschen so sichtbar verherrlicht – dies ist die stete Gefahr der Theologen, daß sie, während sie ihre Augen auf Gott richten, ihren Mitmenschen dabei den Rücken zukehren.

Im Unterschied zur dramatischen Schilderung der Sintflut in der Priesterschrift ist der Bericht beim Jahwisten knapp gehalten. Fast wie in einem Wetterbericht heißt es nur: »Ein Regen strömte auf die Erde vierzig Tage und vierzig Nächte.« Und die Katastrophe dauert – vom Betreten bis zum Verlassen der Arche gerechnet – insgesamt kein volles Jahr, sondern gerade nur zwei Monate.

Am Ende ist alles Leben – »vom Menschen bis zum Vieh« – vom Erdboden vertilgt; alles, was Odem hatte, ist tot. Da gedenkt Gott Noahs und der Tiere in der Arche, und er gebietet der Flut Einhalt. Er läßt einen Wind über die Erde gehen, so daß das Wasser allmählich fällt und die Arche schließlich am Berg Ararat anstößt.

Voll Ungeduld öffnet Noah die Luke und läßt, um den Stand des Wassers zu prüfen, eine Taube heraus. Diese aber kehrt zurück, weil sie keine trockene Stätte gefunden hat, und Noah holt sie behutsam wieder in die Arche herein. Nach einiger Zeit sendet er noch einmal eine Taube aus, auch sie kehrt wieder zurück, aber erst gegen Abend und mit einem Ölbaumblatt im Schnabel. Nicht der Adler der Mächtigen, nicht die Eule der Gelehrten, auch nicht der Falke der Jäger, sondern die Taube mit dem Ölzweig im Schnabel ist zum Zeichen der Hoffnung auf endlichen Frieden auf Erden geworden. Beim dritten Mal schließlich bleibt die Taube aus. Da weiß Noah, daß der Erdboden wieder trokken ist und die Sintflut zu Ende.

Zusammen mit seiner Sippe und den Tieren verläßt er die Arche. Als erstes, noch ehe er an den Wiederaufbau der zerstörten Erde geht, baut er Gott einen Altar und bringt ihm ein Opfer dar. Es ist der spontanste Ausdruck des Dankes für die Errettung aus Todesgefahr. Noah ist kein Retter der Menschheit, sondern selbst ein Geretteter. Und mit ihm ist die Erde gerettet.

Nachdem er Gott gedankt hat, macht sich der Landmann Noah alsbald an die Arbeit. Er legt einen Weinberg an und erfüllt so Gottes neue Verheißung über die gerettete Erde.

Die Welt, in der wir leben

8,21–9,17

»Wir sind noch einmal davongekommen«, das ist das Fazit der biblischen Flutgeschichte – es ist das Fazit aller Menschengeschichte in jeder Generation.

In einer universalen Generalamnestie setzt Gott den Fluch, der zur Vernichtung geführt hat, außer Kraft und garantiert fortan den Bestand der Erde: »Ich will hinfort die Erde nicht mehr verfluchen um der Menschen willen; denn das Dichten und Trachten des menschlichen Herzens ist böse von Jugend an.«

Verblüffend ist die paradoxe Begründung dieser feierlichen Selbstverpflichtung Gottes. Am Ende steht der gleiche Befund wie am Anfang: Der Mensch ist aussichtslos böse – das eine Mal wird damit das Strafgericht begründet, das andere Mal der Straferlaß. Auch durch die Flutkatastrophe hat sich der Mensch zuinnerst nicht geändert; er ist geblieben, wie er gewesen ist.

Angesichts solcher Unverbesserlichkeit gibt es nur zwei mögliche Endlösungen: entweder endgültige Vernichtung oder endloses Erbarmen. Gott wählt die Alternative der Liebe und entschließt sich für alle Zeiten zum Erbarmen.

Der Mensch ist und bleibt ein hoffnungsloser Fall – darauf stellt Gott sich ein. Es ist Resignation aus Liebe. Statt die Menschen täglich in neuen Sintfluten zu ersäufen, will er sie künftig in Geduld ertragen. Er hält sie aus, damit es mit ihnen nicht garaus sei. Weil sie Sünder sind und bleiben, hätten sie anders keine Überlebenschance.

Gottes Treue zu seiner Schöpfung bildet die Grundlage der Weltgeschichte. Sie erweist sich im Rhythmus der Natur: »Solange die Erde steht, soll nicht aufhören Saat und Ernte, Frost und Hitze, Sommer und Winter, Tag und Nacht.«

Während die Geschichte der Menschheit immer wieder in Unordnung gerät, folgt die Natur unerschüttert ihrer festgesetzten Ordnung. Mögen die Häuser im Bombenhagel einstürzen und verbrennen – im Garten blühen die Blumen und singen die Vögel. Die Natur hat ihr »Eigenleben«. Zutiefst kann ihr der Mensch nichts anhaben. Er kann ihr Leben wohl stören und dadurch das eigene zerstören, am Ende aber geht die Natur im Schutz von Gottes Schöpfermacht ohne Unterbrechung ihren Gang. In ihrem Rhythmus erneuert sich im Wechsel der Tages- und Jahreszeiten die Gestalt der Erde.

Die großen Rhythmen der Natur verleihen auch dem Leben des Menschen seine Gestalt. Sie kehren in ihm wieder als der Wechsel von Geburt und Tod, Jugend und Alter, Werden und Vergehen oder auch als die »zweierlei Gnaden« von Einatmen und Ausatmen, Wachen und Schlafen, Arbeiten und Ruhen. Und der Mensch soll nicht das Tempo vorgeben, sondern soll einschwingen in die immer wiederkehrenden Rhythmen der Natur. Wer sie mißachtet, nimmt Schaden an Leib und Seele.

Der Gang der Natur ist Gottes Gesetz. Aber ohne sein Wort wüßten wir nichts von seiner Gegenwart in ihr. Wir müssen zuvor schon von Gott gehört haben, wenn wir sein Walten in der Natur erkennen wollen. Sonst bleibt Gott für uns anonym und die Natur stumm. Gott läßt sich nicht schauen, man kann ihn nur glauben.

Ohne den Glauben an Gott bleibt das Gesicht der Natur für den Menschen rätselhaft und sein Verhältnis zu ihr mehr als nur zweideutig. Einerseits fühlen wir uns geborgen in der Natur, getragen von ihren Kräften und uns selbst als einen

Teil von ihr – das erfüllt uns mit Demut und Dank, und Friede zieht in unser Herz ein. Andererseits aber erfahren wir dieselbe Natur als ein sinnloses Geschehen, fühllos und gleichgültig gegenüber Gutem und Bösem, und wir fragen voll Mißtrauen und Angst: Was ist das für eine Macht, die ein solch absurdes Spiel treibt, die behutsam pflanzt und rücksichtslos zerstört, die sinnvoll baut und unbesonnen dreinfährt, die immer neues Leben aus sich selbst gebiert, um es selber wieder zu verschlingen?

Vergeblich fliehen wir vor den Problemen unseres Lebens in die Natur und suchen in ihr Weisung und Rat. Sie gibt uns keine Antwort auf die Frage nach unseren Pflichten gegenüber den Nächsten, nach der richtigen Entscheidung in der Stunde der Versuchung, nach unserer Schuld in der Vergangenheit und unserer Sorge um die Zukunft, nach dem Sinn unseres Daseins insgesamt; denn dies alles – Pflicht, Versuchung, Schuld, Sorge und Sinn – finden wir in der Natur selbst nicht. Und wenn wir meinen, die Natur spreche zu uns, so sind in Wahrheit wir selbst es, die mit ihr reden; wir hören aus ihr heraus, was wir in sie hineingelegt haben.

Es hängt von meiner Stimmung ab, was ich beim Anblick des gestirnten Himmels über mir fühle. Bin ich glücklich verliebt und deshalb harmonisch gestimmt, strahlt der Sternenhimmel mir mein Glück zurück; bin ich dagegen unglücklich verliebt und deshalb verzagt, blicke ich nur in eine endlose, schaurige Leere.

Die Natur weist unsere Fragen ab, sie will keine Verständigung mit den Menschen. Mag sie uns auch entzücken und für eine kurze Zeit unsere Trauer, Schuld und Not vergessen lassen, befreien kann sie uns nicht davon.

Es bleibt stets nur der Genuß einer Stunde, eine Episode ohne Folgen. Wir kehren von draußen, vom Erlebnis der Natur in unsere vier Wände zurück und finden uns in ihnen als dieselben wieder wie zuvor – höchstens, daß wir angesichts der Natur die Stille und Kraft gefunden haben, um uns den alten Problemen neu zu stellen und weiter nach Antworten auf sie zu suchen.

»Und Gott segnete Noah und seine Söhne« – damit ist ein neuer Anfang gesetzt. Gott nimmt seinen Fluch von der Erde und spricht seinen Segen über sie. Das Zusammensein zwischen Gott und Mensch, zwischen dem Schöpfer und seinem Geschöpf wird wiederhergestellt. Die Welt fängt noch einmal neu an. Es ist die Welt, in der wir leben.

Fast klingt es wie nach einem neuen Schöpfungstag. Der Mensch wird zum Ebenbild Gottes eingesetzt, und auch das Mandat zur Herrschaft über die Erde erhält er zurück. Wieder heißt es für die Menschen: »Seid fruchtbar und mehret euch und füllet die Erde«, und von ihrem Verhältnis zu den anderen Kreaturen: »In eure Hände sind sie gegeben.«

Dennoch ist etwas anders geworden, das Klima hat sich sozusagen verändert. Künftig gehört zum Herrschaftsauftrag des Menschen auch die Todesdrohung. Das Töten scheint fortan zur Bewahrung des Lebens auf der Erde unvermeidlich zu sein. Aber die Freigabe wird begrenzt. Zwar darf der Mensch zu seinem Schutz und seiner Nahrung jetzt auch die Tiere töten, aber ihr Blut darf er nicht genießen, denn es gilt als der Sitz des Lebens.

Das Leben des Menschen bleibt unantastbar. Zu seinem Schutz wird die äußerste Sühne festgesetzt: »Wer Menschenblut vergießt, dessen Blut soll auch durch Menschen vergossen werden.« Begründet wird dies mit der Gottebenbildlichkeit des Menschen: Wer einen Menschen tötet, zerstört Gottes Ebenbild in ihm.

Gott übt sein Hoheitsrecht über das Leben der Menschen aus, indem er die Vollstreckung der menschlichen Gemeinschaft überträgt. Damit taucht in ersten vagen Umrissen das Gerichtswesen auf und mit ihm als Wahrer des Rechts die

Obrigkeit. Die Menschheit läßt sich nicht ohne Ordnungen erhalten und diese wiederum nicht ohne Ausübung von Macht. An dieser Stelle hat der Staat seinen Ort in der Geschichte der Menschheit. Er wird wohltuend nüchtern gesehen, ähnlich wie früher schon die Arbeit, fern von aller Ideologie und Utopie.

Der Staat ist notwendig um der Sünde der Menschen willen. Indem er mit seinen Mitteln das Böse eindämmt, hilft er, die Menschheit in ihrer Sünde trotz ihrer Sünde zu erhalten. Mehr steht ihm nicht zu. Die »Staatsraison«, die sich darin ausdrückt, hält illusionslos die Mitte zwischen der Utopie einer herrschaftsfreien Gesellschaft und der Ideologie des totalitären Machtstaats.

Die Angemessenheit der Todesstrafe mit der notwendigen Wahrung der Gottebenbildlichkeit des Menschen zu begründen, erscheint uns heute als ein Widerspruch in sich selbst. Für uns ergibt sich aus der Gottebenbildlichkeit des Menschen gerade umgekehrt die Konsequenz, das göttliche Verbot des Blutvergießens zu radikalisieren und nicht nur die Todesstrafe, sondern auch den Krieg darunter zu rechnen.

Die Stimme der Ehrfurcht vor dem Leben hat eine lange Geschichte. »Wer Menschenblut vergießt, dessen Blut soll auch durch Menschen vergossen werden«, so ertönt sie am Anfang in der Urgeschichte der Bibel – »Stecke dein Schwert an seinen Ort! Denn wer nach dem Schwert greift, der wird durch das Schwert umkommen«, so setzt sie sich im Munde Jesu fort, und immer noch wird sie nicht gehört.

Das ist die Welt, in der wir leben. Gott liebt diese Welt und hält ihr die Treue, auch wenn die Menschen böse sind. Aus diesem Grund schließt er mit Noah und seinen Söhnen einen ewigen Bund, der aber nicht nur ihre Sippe, auch nicht nur Israel oder die Christenheit, sondern die ganze Menschheit, sogar alle Kreaturen umfassen soll. Als Zeichen dieses

Bundes stellt Gott seinen Kriegsbogen in die Wolken: »Meinen Bogen habe ich in die Wolken gestellt; der soll das Zeichen sein des Bundes zwischen mir und der Erde. Und wenn es kommt, daß ich Wetterwolken über die Erde führe, so soll man meinen Bogen in den Wolken sehen. Alsdann will ich gedenken an meinen Bund zwischen mir und euch und allem lebendigen Getier.«

So wird der Regenbogen – nach der Taube mit dem Ölzweig im Schnabel – gleichfalls zum Symbol der Hoffnung auf eine Befriedung der Welt, die nicht nur die Menschheit, sondern alle Kreatur, ja den ganzen Kosmos umschließt.

»Ich will die Menschen, die ich geschaffen habe, vertilgen von der Erde, denn es reut mich, daß ich sie geschaffen habe«, so beginnt die Sintfluterzählung – »Siehe, ich richte meinen Bund auf mit euch und euren Nachkommen, daß hinfort nicht mehr alles Fleisch verderbt werden soll«, so endet sie. Es sind nicht zwei verschiedene Götter, die diese beiden widersprüchlichen Sätze sprechen, es ist einer und derselbe Gott.

Gericht und Gnade fließen beide aus Gottes Hand. Um uns ihre Einheit in Gott verständlich zu machen, unterscheiden wir zwischen dem »fremden Werk« des Gerichts und dem »eigenen Werk« der Gnade Gottes – aber dies ist wirklich nur ein nachträglicher theologischer Behelf des Glaubens. Ob ein Mensch die eine oder die andere Seite an Gott erfährt, hängt davon ab, wie er sich zu den Wirkungen, die von Gott ausgehen, stellt.

Der Glaube durchdringt das Dunkel Gottes und erkennt den scheinbaren Widerspruch seines Handelns als die Inkonsequenz seiner Liebe – ihm wird das Gericht zur Gnade. Der Unglaube dagegen hält die Verborgenheit Gottes für seine wahre und endgültige Gestalt. Er vernimmt unter dem zornigen Nein des Gerichts nicht das suchende, verborgene

Ja der Gnade und starrt daher nur ins Dunkel. Wie einer sich zu Gott stellt, so findet er ihn auch: Glaubst du, so hast du; glaubst du nicht, so hast du nicht. Jeder hat immer gerade so viel von Gott, wie er glaubt.

Der Turm von Babel

10,1–11,9

»Seid fruchtbar und mehrt euch«, hat Gott den Menschen am Ende der Sintflut aufs neue geboten, dazu auch seinen Segen über sie erneuert. Und so ist nach der Flutkatastrophe eine weitverzweigte, vielfältige Völkerwelt entstanden. Siebzig Stämme und Völkerschaften zählt die biblische »Völkertafel« voll Staunen auf. Alle gehen in ihrer Vielfalt auf einen einheitlichen Ursprung, ihre gemeinsame göttliche Herkunft, zurück. Die gleiche Gottesbeziehung aller schafft eine allgemeine Solidarität zwischen den Völkern; Israel wird in der Urgeschichte noch nicht als der »Nabel der Welt« betrachtet.

Siebzig bedeutet die Zahl der Fülle und der Ganzheit. Wie der Schöpfungsbericht zum Beginn der Urgeschichte die Wirklichkeit der Welt nach der Seite der Natur in den Blick nimmt, so die Völkertafel am Ende nach der Seite der Geschichte. Es ist der biblische Schöpfungsglaube, der der Wirklichkeit der Welt insgesamt, Natur und Geschichte ineins, ihre Ganzheit als eine Einheit in Vielfalt verleiht.

Aber nicht nur Staunen ergreift den biblischen Erzähler angesichts der Vielfalt der Völkerwelt, auch Bangen um ihre Zerteilung und Sorge um ihre Zerstrittenheit überfällt ihn. Die Völker sind unruhig, ständig befinden sie sich auf der Wanderung, umgetrieben von der Suche nach einer Mitte, die ihnen Halt bietet, und nach einem Ort, an dem sie seßhaft werden können. Nach Osten geht ihr Zug und damit immer weiter weg vom Paradies, fort aus der Nähe Gottes.

Auf diesem Hintergrund ist die letzte der großen urgeschichtlichen Erzählungen entstanden: die Geschichte vom Turmbau zu Babel. Auch dieser Stoff stammt aus der mythischen Umwelt des Orients und ist von den biblischen Verfassern verarbeitet worden.

Der Turm von Babel gilt für alle Zeiten als das architektonische Symbol menschlicher Grenzüberschreitung. Zweimal heißt es: Wohlauf, laßt uns! »Wohlauf, laßt uns Ziegel streichen und brennen!« und sodann: »Wohlauf, laßt uns eine Stadt und einen Turm bauen, dessen Spitze bis an den Himmel reiche, damit wir uns einen Namen machen; denn sonst werden wir zerstreut in alle Länder!«

Es fängt harmlos an. Am Anfang steht eine technische Erfindung. Man hat gelernt, Ziegel zu brennen. Damit ist man nicht mehr auf den Naturstein angewiesen, den man in fern gelegenen Steinbrüchen mühsam herausbrechen und dann in großen Blöcken transportieren muß. Der künstliche Stein erleichtert das Bauen.

Das aber verlockt sogleich zu noch Größerem. Alles, was möglich scheint, hält man, nach kurzem Zögern, auch für erlaubt – wäre es denn sonst machbar? Der technische Fortschritt beflügelt alsbald die schöpferische Phantasie, er stachelt den politischen Willen an und setzt organisatorische Kräfte in Gang. Und so verfällt man auf den Gedanken, zur Sicherung des Zusammenhalts einen Riesenbau, eine Stadt mit einem himmelhohen Turm, zu errichten – die steingewordene Konzentration aller technischen und politischen Energien.

Nicht der technische Fortschritt ist böse, auch nicht der politische Wille oder das Streben nach Fortschritt und Selbstverwirklichung; der Frevel steckt im Motiv. Es ist ein zwiespältiges Motiv, das die Menschen zur Zusammenballung aller ihrer Energien antreibt. Vordergründig betrachtet ist es das Streben nach Ruhm, also Größenwahn: »damit wir uns einen Namen machen«. Der Größenwahn aber ist eine Kompensation der Angst. Diese stammt aus dem Mißtrauen gegenüber Gott und der Welt und erzeugt das Verlangen nach Sicherheit.

Der Mensch hat Grund, in der Welt Angst zu haben. Wer Angst hat, sieht die Welt so, wie sie ist – sie gibt wahrlich Anlaß zur Angst. Die Frage ist nicht, wie der Mensch seine Angst los wird, sondern wie er mit ihr umgeht und sie besteht. Lebenssucht und Lebensangst gelangen zur Herrschaft, wenn es dem Menschen an Vertrauen zu einem ihm jenseitigen Lebensgrund gebricht. Dann verläßt er sich allein auf sich selbst und nimmt mit der Gebärde des Herrschers sein Geschick in die eigene Hand. In seiner Angst zieht er die Macht Gottes auf sich herab, in sich hinein. Wo der Mensch nur um sich selbst kreist und Gott darüber aus den Augen verliert, muß er sich in Richtung auf die eigene Gottähnlichkeit entwerfen. Denn getrieben von seiner Angst, muß er sich drehen und wenden, muß er leisten, was irgend er leisten kann, um sich zu behaupten und selbst zu verwirklichen – am Ende muß er sein wollen wie Gott.

Einerseits Ruhmsucht und Größenwahn, andererseits Mißtrauen und Angst – das geht sehr wohl zusammen. Beide Motive finden sich in der Geschichte der Menschen häufig beieinander: Je größer die Angst, desto mächtiger das Imponiergehabe und desto gefährlicher das Sicherheitsbedürfnis – bis zum Durchbrennen aller Sicherungen.

Der Frevel liegt in der Maßlosigkeit – die Grenzüberschreitung endet im Allmachtswahn. Sich einen Namen machen heißt: aus der Gottesbeziehung auszubrechen, über sein Leben selber befinden zu wollen und statt vor Gott nur vor sich selbst, höchstens noch vor seinesgleichen verantwortlich zu sein. Aufs letzte gesehen, möchte man sich einen Namen machen, um damit gegen die Vergänglichkeit anzukommen.

Buntglasierte Ziegel reichen dazu nicht aus. Sie sind schön anzuschauen, aber sie halten und dauern nicht. Das hieße, unvergängliches Leben mit vergänglichem Material schaffen zu wollen – so etwas aber gelingt nicht, sondern endet im Scheitern.

Auf das zweimalige »Wohlauf!« der Menschen antwortet Gott nun seinerseits mit einem »Wohlauf!«. Er fährt vom Himmel hernieder, um sich die Stadt und den Turm, die die Menschen gebaut haben, anzusehen. Welch eine naive Gottesvorstellung – aber welch tiefsinnige Ironie! Die Menschen wollen einen Turm errichten, dessen Spitze bis an den Himmel reicht – und kommen damit gerade so weit, daß Gott den Turm nicht mit bloßem Auge erkennen kann und vom Himmel herabfahren muß, um das Menschengebilde zu Gesicht zu bekommen: so winzig ist es. Immer wenn Menschen sich gottgleich gebärden, machen sie sich lächerlich und müssen nun erst recht alle verfügbaren Mittel zu ihrer Selbstrechtfertigung aufbieten – mit dem Ergebnis, daß sie nur noch unmenschlicher werden und lächerlicher wirken. »Der im Himmel wohnt, lacht ihrer, und der Herr spottet ihrer.« (Psalm 2,4)

Die Antwort Gottes auf den Versuch der Menschen, aus Größenwahn und Angst eine feste Stadt und einen himmelhohen Turm zu bauen, um so den Zusammenhalt und Bestand ihrer Macht zu garantieren, ist die Zerschlagung dieses Versuchs durch die Sprachverwirrung: »Wohlauf, laßt uns herniederfahren und ihre Sprache verwirren, daß keiner des anderen Sprache verstehe!«

So geschieht genau die Umkehrung dessen, was die Menschen gewollt haben. Wo der Dialog der Menschen mit Gott aufhört, dort drohen auch ihre Dialoge untereinander in lauter Monologe zu zerspellen. Dort zerbricht die Gemeinschaft, und das Gespräch wird zum Gerede. Da helfen dann auch keine Dolmetscher und Übersetzer. Man kann dieselbe Sprache sprechen und sich dennoch nicht verstehen.

Begründet wird die Sprachverwirrung mit der Befürchtung: »Siehe, es ist einerlei Volk und einerlei Sprache unter ihnen allen, und dies ist der Anfang ihres Tuns; nun wird ihnen nichts gewehrt werden können von allem, was sie sich vorgenommen haben.« Damit erscheint das Eingreifen Gottes nicht nur als Strafe, sondern zugleich als eine vorbeugende Maßnahme, als ein Akt der Bewahrung der Menschen vor ihrer eigenen Maßlosigkeit.

Türme, von Menschen in den Himmel gebaut, werfen unmenschliche Schatten: Ausbeutung, Knechtschaft, Krieg, Leid, Not und Tod. Der Allmachtswahn führt zur totalen Herrschaft von Menschen über Menschen und damit zur Entmenschlichung beider, der Herrschenden wie der Beherrschten. Da wird der Mensch zu einer Sache und jedes Volk sein eigener Gott. Da werden »Auschwitz« und der »Archipel Gulag« möglich.

»Wenn der Herr nicht das Haus baut, arbeiten umsonst, die daran bauen« (Psalm 127,1) – das mag sich naiv, fast altbacken anhören, aber es ist nach wie vor die geschichtliche Wahrheit. Alles Bauen geschieht nur zu zeitlicher Dauer und irdischem Nutzen; was für die Ewigkeit geplant ist, geht noch vor der Zeit zugrunde.

Und »so zerstreute sie der Herr in alle Länder, daß sie aufhören mußten, die Stadt zu bauen«. Damit endet die Urgeschichte. Es ist ein offenes Ende. Denn wohlgemerkt: Gott hat die Stadt nicht zerstört – sie bleibt nur unvollendet stehen. Das bedeutet: Die Geschichte zwischen Gott und den Menschen geht weiter. Gottes Vorsehung ist unabsehbar.

Die Zehn Gebote

Die Erhaltung des Lebens – Was wir tun sollen

2. Mose 20,1–17; 5. Mose 5,6–22

Wege in die Freiheit

Der Mensch ist Gottes Erdenbürger. Gott hat ihm die Erde anvertraut, daß er sie hege und pflege wie einen Garten. Dies ist der verborgene Sinn in all seinem irdischen Tun.

Was aber soll der Mensch tun?

Angesichts des ständigen Wandels der Verhältnisse, der Verflechtung von Wünschen, Pflichten und Zwängen, aber auch der Fülle an Möglichkeiten und Zielen sucht der Mensch nach einer Orientierung für sein Tun. Und so entwirft er beständige Richtlinien, an denen er sich im Wechsel der Zeiten und Situationen wie an Halteseilen voranbewegen kann. Zur gleichen Zeit aber wehrt er sich gegen jedwede Bevormundung von außen. »Moral« erscheint ihm nicht als ein Weg zur Erfüllung seiner Lebensbestimmung, sondern eher als eine Fremdbestimmung, die seine Eigenheit und Freiheit einzugrenzen droht.

In dieser verqueren Situation bieten sich die Zehn Gebote der hebräischen Bibel als Orientierungshilfe an – die »Zehn Worte«, wie es im Alten Testament wörtlich heißt: der »Dekalog«.

Nach biblischer Tradition hat Mose – nach der Befreiung Israels aus der Sklaverei in Ägypten – die Zehn Gebote am Sinai von Gott empfangen und sie seinem Volk übermittelt. Sie bilden die Stiftungsurkunde des Bundes zwischen Gott und Israel, das Grundgesetz, das die Regeln für das künftige Leben in der neugewonnenen Freiheit enthält.

Wo immer der Name Moses in der Bibel erscheint, ist es

wie ein Achtungszeichen, wenn auch bei weitem nicht alles, was im Alten Testament auf Mose zurückgeführt wird, tatsächlich von ihm stammt. Dies gilt auch vom Dekalog; sein Inhalt ist teils älteren, teils jüngeren Datums. Längst aber haben die Zehn Gebote, losgelöst von ihrem historischen Hintergrund, Geschichte gemacht und weltweit verbindliche Geltung erlangt.

Wie die Urgeschichte weit über die Bibel hinaus in die Menschheitsgeschichte zurückreicht, geradeso gibt es auch ein gemeinsames Wissen um das, was gut und böse, was erlaubt und nicht erlaubt ist, durch alle Kulturen hindurch – vom Codex Hammurabi über das Römische Recht und den Sachsenspiegel bis zum Strafgesetzbuch. Es ist das Gesetz, von dem der Apostel Paulus sagt, daß es den Menschen ins Herz geschrieben sei (Römer 2,14). Angenommen, die UNO oder UNESCO erhielte heute den Auftrag, weltweit gültige Grundregeln für das Zusammenleben der Menschen zu entwerfen – die auf diese Weise zustande kommenden Verhaltensnormen würden weithin den Zehn Geboten entsprechen. Sie sind die granitenen Felsen, auf denen alle sogenannte »Ethik« ruht.

Die Zehn Gebote gelten als von Gott gegeben, um das von ihm geschaffene Leben auf der Erde zu erhalten – die Menschen voreinander und die Welt vor den Menschen zu bewahren. Indem sie die Menschen zur gegenseitigen Erhaltung ihres gottgegebenen Lebens verpflichten, nehmen sie deren eigenes Lebensinteresse wahr. Gottes Gebot knechtet nicht; es führt in die Freiheit und verhilft zum aufrechten Gang.

Im Unterschied zu anderen Religionen hat das Christentum eigentlich keine eigene Ethik, sondern ist offen für das von allen Menschen gesuchte »Humanum«. Ausgangspunkt des Ethos ist nicht der Wille zur Ordnung, sondern die Störung durch die Unordnung. Im Grunde bilden die Zehn Gebote nur einige grundlegende Negationen: Wer Gott gehört, tut dies nicht und das nicht – er tötet nicht, stiehlt nicht, lügt nicht, bricht nicht die Ehe ... Aber gerade durch ihre negative Formulierung eröffnen die Zehn Gebote selbständige Wege in die Freiheit: Alles, was nicht verboten ist, das ist erlaubt! Die Negationen stecken nur die Grenzen ab, innerhalb deren es für den Menschen frei und schöpferisch zu handeln gilt.

Auf diese Weise werden die Zehn Gebote flexibel und damit im jeweiligen Augenblick neu anwendbar. Sie sind wie Bojen, die ausgeworfen werden, um gefährliche Untiefen zu markieren und so eine ungefähre Fahrrinne anzuzeigen, in der man je nach Gezeiten und Wind verschieden navigieren kann. Das hat Martin Luther gemeint, wenn er sagt: »Wir müssen neue Dekaloge machen, wie Petrus und Paulus und Jesus selbst es getan haben.«

Der Dekalog ist zu unserem Besten gegeben. Das erfahren wir leibhaft an uns selbst. Nicht so sehr, wenn wir selber ein Gebot brechen, als vielmehr, wenn andere es gegen uns tun, wenn wir verletzt, bestohlen, betrogen und belogen werden. Dann stimmen wir sofort in die Zehn Gebote ein: Ja, du sollst nicht töten, stehlen, ehebrechen, lügen.

Die Zehn Gebote kommen in der Bibel an vielen Stellen vor; geschlossen als »Dekalog« werden sie zweimal im Zusammenhang mit Israels Wüstenwanderung überliefert: 2. Mose 20,1–17 und 5. Mose 5,6–21. Beide Fassungen stimmen weithin wörtlich überein. Die ursprünglich knapp formulierten Grundforderungen sind später nur durch verschiedene Ergänzungen und Begründungen erweitert worden.

Die Zählung der Zehn Gebote geht in der Christenheit auseinander. Martin Luther hat das Bilderverbot ausgelassen und, um die Zehnzahl trotzdem zu erhalten, das letzte

Gebot geteilt. In der gleichen Weise zählen auch die römischen Katholiken. Die reformierten und orthodoxen Christen hingegen haben das Bilderverbot beibehalten und entsprechend das letzte Gebot nicht geteilt. Wir sollten uns, verbindlich für alle Kirchen und Konfessionen, an die Reihenfolge der Zehn Gebote in der hebräischen Bibel halten.

Auf Grund von 5. Mose 5,22 pflegt man von »zwei Tafeln« des Gesetzes zu sprechen. Die erste betrifft das Verhältnis zwischen Gott und den Menschen, die zweite das Verhalten der Menschen untereinander. Gottesglaube und Mitmenschlichkeit gehören wie Vertikale und Horizontale zusammen.

Das Erste Gebot:
Ich bin dein Gott

»Ich bin der Herr, dein Gott, der ich dich aus Ägypten, aus der Knechtschaft, geführt habe. Du sollst keine anderen Götter haben neben mir.«

Der Dekalog beginnt mit der Selbstvorstellung Gottes.

Nicht irgendein namenloser Allerweltsgott spricht in den Zehn Geboten, auch nicht der große Weltpolizist, der alles auf der Erde sieht, sondern der Gott, der ein Liebhaber des Lebens und ein Anwalt der Freiheit ist und der darum das Volk Israel aus der Sklaverei in Ägypten befreit hat. Und nicht ein vermeintliches Man wird in den Zehn Geboten angeredet, sondern ein konkretes Du, der Volksgenosse – der Mensch in der Gemeinschaft.

Diese Selbstvorstellung Gottes ist die alttestamentliche Gestalt des Evangeliums. Mit ihr ist ein Grundmodell allen göttlichen Handelns gegeben: Gottes Offenbarung zielt auf die Befreiung des Menschen, nicht auf seine Unterwerfung. Aber damit die durch Gottes Offenbarung begründete Freiheit des Menschen bewahrt bleibt, ergibt sich aus dem Zuspruch von selbst der Anspruch: »Du sollst keine anderen Götter haben neben mir.«

Deshalb geht es im Dekalog vom Ersten Gebot an um die Gottheit Gottes: daß Gott Gott ist – und eben damit um die Menschlichkeit des Menschen: damit der Mensch Mensch sein kann.

Aber was heißt »Gott« und was »an einen Gott glauben«?

Auf die »Gottesfrage« des Menschen hat Martin Luther in seiner Auslegung des Ersten Gebots im Großen Katechismus eine psychologisch klingende, aber religiös geniale Antwort gegeben: »Ein Gott heißt das, dazu man sich versehen soll alles Guten und Zuflucht haben in allen Nöten. Also daß einen Gott haben nichts anderes ist, denn ihm von Herzen trauen und glauben, wie ich oft gesagt habe, daß allein das Trauen und Glauben des Herzens machet beide, Gott und Abgott. Ist der Glaube und [das] Vertrauen recht, so ist auch dein Gott recht und wiederum, wo das Vertrauen falsch und unrecht ist, da ist auch der rechte Gott nicht. Denn die zwei gehören zuhauf, Glaube und Gott. Worauf du nun dein Herz hängest und [dich] verlässest, das ist eigentlich dein Gott.«

Alle Menschen sind, bewußt oder unbewußt, »Theozentriker«; denn jeder hat eine »Hauptsache« im Leben, an die er sich hingibt, weil sie ihm angeblich alles gibt. »Hauptsache« ist, wie das Wort besagt, diejenige Sache in unserem Leben, die für uns obenan steht. Es ist die Sache, nach der uns der Kopf steht, weil an ihr unser Herz hängt, und die uns so zum »Gott« wird.

Religionsgeschichtlich gilt unsere Welt als entgöttert. Tatsächlich aber leben wir in einem Zeitalter des praktischen Polytheismus. Zum totalen Atheismus fehlt den meisten Menschen der Mut. Sie verehren nur statt des einen Gottes vielerlei Götter. Die üblichen Gegenstände des vulgären Aberglaubens – Horoskope, Amulette und Maskottchen – zählen nicht dazu; sie verdienen den ernsthaften Namen »Götzendienst« nicht.

Wirkliche Götzen haben Format – und an solchen mangelt es wahrlich nicht. Zum Pantheon der Moderne gehören nach wie vor die alten großen Gottheiten wie die Dualität: Sex und Geld; oder die Trinität: Macht, Besitz und Ruhm;

neben ihnen, längst von gleicher Macht und Stärke, die neuen Götter: Leistung, High Tech, Wissenschaft, Fortschritt, Konsum, Kapital und Profit; dazu die vielen alten und immer wieder jungen großen und kleinen Götter: Rasse, Volk, Nation, Ehre, Schönheit, Gesundheit und ewige Jugend. Es gibt kein Ding in der Welt, ob groß oder klein, das der Mensch, privat oder öffentlich, nicht vergötterte. Und der Moderne umtanzt seine Götzen nicht weniger hingebungsvoll als der Primitive seine geschnitzte Holzfigur.

Götzendienst ist negativer Theozentrismus. Der Name »Abgott« spricht für sich. Er besagt, daß die vielen falschen Götter nur ein Ersatz des einen wahren Gottes sind. Wie es ohne realen Gegenstand kein virtuelles Bild gibt, so ohne Gott keine Götzen, ohne Gottesdienst keinen Götzendienst.

Menschen können sich Gott nicht erdenken – alle von ihnen erdachten Götter sind immer nur Götzen. Ihre Namen kommen und gehen. Stets aber steht hinter ihnen der eine und selbe Mensch, der sich selbst seine Götter bildet und sich ihnen dann unterwirft und ihnen dient – weil er von dem einen wahren Gott nicht loskommt, so gerne er es möchte.

Götzen sind menschenmordende Götter, und Götzendienst ist daher eine harte Leistungsreligion; sie geht stets auf Kosten des Menschen. Kaum aus der einen Sklaverei befreit, gerät er alsbald in neue Sklavenhäuser. Davor will das Erste Gebot uns bewahren. Darum erinnert es so streng an Gottes exklusiven Anspruch. Seine »Eifersucht« zielt auf des Menschen Menschlichkeit: daß der nach seinem Ebenbild geschaffene Mensch nicht seinen Götzen zum Opfer falle und darüber seine Freiheit einbüße.

Daß Freiheit gleichbedeutend sei mit Ungebundenheit, ist ein gründlicher Irrtum. Ob ich frei bin oder nicht, entscheidet sich nicht daran, ob ich gebunden bin oder nicht, sondern an wen oder was ich gebunden bin. Denn in irgendeiner Weise ist jeder Mensch gebunden. Ob eine Bindung gut ist und darum Freiheit gewährt oder ob sie schlecht ist und daher Unfreiheit erzeugt, hängt von dem Subjekt ab, an das jemand gebunden ist. Die dem Menschen gemäße Bindung ist seine schlechthinnige Abhängigkeit von Gott.

»Schlechthinnige Abhängigkeit« bündelt nicht die vielerlei Abhängigkeiten, in denen sich unser Leben abspielt, und steigert sie zu einer einzigen, absoluten, den Menschen sozusagen aus einem Diener vieler irdischer Herren zum Sklaven des einen himmlischen Oberherrn machend – schlechthinnige Abhängigkeit besagt vielmehr, daß es sich um eine allen anderen Abhängigkeiten in der Welt schlechthin überlegene handelt, weil ihr Subjekt der Schöpfer der Welt selbst ist. Das »Gefühl der schlechthinnigen Abhängigkeit« bedeutet mithin nicht Unterwerfung und Gehorsam, sondern Geborgenheit und Vertrauen.

»Wir sollen Gott über alle Dinge fürchten, lieben und vertrauen.« Dieser einfache Satz Martin Luthers schließt die ganze allseitige Beziehung zwischen Gott und Mensch in sich. Sie umfaßt stets zwei Seiten: Abstand und Nähe, Scheu und Faszination, Ehrfurcht und Geborgenheit. Niemals geht das eine ohne das andere: Wo nur Furcht herrscht, droht Gott zum Tyrannen zu werden, und der Glaube an ihn verdirbt zur »Gottesvergiftung«; wo dagegen nur eitel Wohlwollen waltet, droht Gott zum Biedermann zu werden, und der Glaube an ihn verkehrt sich in Gotteslästerung.

Viele Zeitgenossen, auch manche Christen, scheuen sich heute, Gott noch einen »Herrn« zu nennen. Wo diese Scheu aus dem Mißfallen an Gottes »Männlichkeit« herrührt, ist sie begreiflich; wo sie jedoch den Abstand zwischen Gott und Mensch verwischen möchte, nimmt sie Gott mit der Distanz auch seine Faszination.

Die Erinnerung an Gottes Göttlichkeit tut dem Glauben an Gott und dem Reden davon heute not. Hier können die Christen von den Juden lernen. Das Erste Gebot kehrt in dem »Gottesgedächtnis« wieder, das der fromme Jude zweimal täglich spricht: »Höre, Israel, der Herr ist unser Gott, der Herr allein.« (5. Mose 6,4) Das Bekenntnis zur Einzigkeit Gottes, das ja mehr meint als nur eine zahlenmäßige Einzelheit, gibt dem Glauben an Gott Charakter und Ernst und bewahrt vor dem religiösen Vagantentum, das sich die Götter bald hier, bald dort nach Belieben sucht.

Die Exklusivität des Gottes, der aus aller Knechtschaft befreit, erlöst auch von den selbstgemachten Götzen und verwandelt sie zurück in das, was sie eigentlich sind: irdische Güter und darum gute Gaben Gottes, dem Menschen zu Nutz. Damit wird der Gehorsam ins Vertrauen gefaßt: Wer sich allein auf Gott verläßt, kann von den Götzen lassen.

Das Zweite Gebot: Du sollst dir von Gott kein Bild machen

»Du sollst dir kein Bild noch Gleichnis machen, weder von dem, was oben im Himmel, noch von dem, was unten auf Erden, noch von dem, was im Wasser unter der Erde ist. Bete sie nicht an und diene ihnen nicht!«

Ob Christen oder Nichtchristen – wir fertigen keine sichtbaren Götterbilder mehr an und stellen sie in Tempeln auf, um in ihnen die Gottheit zu verehren. Nach wie vor aber wollen wir – falls überhaupt noch – einen Gott haben, den wir mit Augen sehen, mit Händen greifen und mit unseren Gedanken fassen können: »Auf, mache uns einen Gott, der vor uns hergehe!« – »Laß mich deine Herrlichkeit sehen!«

Gegen dieses Verlangen nach Sichtbarkeit steht das Zweite Gebot: Du sollst dir von Gott kein Bild noch Gleichnis machen!

»Es gibt keine erhabenere Stelle in den hebräischen Schriften«, hat Immanuel Kant zu diesem Gebot gemeint. Daraus spricht der aufgeklärte Philosoph, der statt nach Bildern nach Ideen verlangt, darum auch nicht nach einem Gottesbild, sondern nach der Gottesidee fragt und der entsprechend nur eine möglichst reine, geistige Gottesvorstellung für erträglich hält. Aber ist eine »rein geistige« Gottesvorstellung nicht auch noch ein Bild von Gott?

Oder wenn Theologen, um die unverständlich gewordenen biblischen Bilder von Gott zu »retten«, diese durch Abstraktionen zu ersetzen trachten und statt ihrer vom »Sein-

Selbst«, von der »Tiefe des Seins«, vom »Urgrund der Welt«, vom »All-Einen« und so weiter sprechen – sind dies nicht auch immer noch Versuche, Gott in ein Bild zu fassen? Hat Martin Heidegger nicht recht, wenn er dagegen einwendet: »Zu diesem Gott kann der Mensch weder beten, noch kann er ihm opfern. Vor der causa sui kann der Mensch weder aus Scheu ins Knie fallen, noch kann er vor diesem Gott musizieren und tanzen.«

Wir sollen uns von Gott kein Bild noch Gleichnis machen, gebietet das Zweite Gebot. Aber wie können wir von Gott anders reden als in Gleichnissen und Bildern? Wie soll der Mensch auf Gottes Offenbarung anders antworten als in menschenförmiger Rede?

Das Zweite Gebot konfrontiert uns mit der grundsätzlichen Verlegenheit jeden menschlichen Redens von Gott. Der heikle Punkt ist die Unverfügbarkeit Gottes. Alles Sagen von Gott versagt vor der Entzogenheit seiner realen Existenz. In Bildern von Gott reden heißt daher, das Unsagbare trotzdem zu sagen versuchen. Menschenförmig und dennoch gottgemäß von Gott reden lautet demnach die positive Aufgabe, die sich unter der negativen Formulierung des Zweiten Gebots verbirgt.

Der biblische Hintergrund, vor dem das Gebot steht, spiegelt dies wider. Dieselbe Bibel, die das strengste Bilderverbot der Religionsgeschichte enthält, ist selbst zugleich randvoll von menschenförmigen Bildern: Gott wird Hirte, König, Herrscher, Arzt, Vater und Mutter genannt. Er hat ein Gesicht, hat Augen, Ohren, Mund und Nase, hat Arme, Hände und Füße. Sein Auge schaut nach den Menschenkindern auf der Erde, mit ausgerecktem Arm errettet er sein Volk, sein Mund spricht Worte des Zorns und der Liebe, und Rauch steigt auf aus seiner Nase. Licht ist das Kleid, das er anhat, und die Erde ist der Schemel seiner Füße.

Sinnlicher, als die Bibel es tut, kann man von Gott nicht reden. Von der Poesie ihrer Bilder muß auch durch unser Reden von Gott etwas hindurchzuschmecken sein. Auch für die Theologie gilt Gottfried Benns liebenswürdige Warnung:

»Wie sagte noch meine alte Mutter so oft,
wenn wir sommers bei ihr im Garten Kaffee tranken:
du wirst mit deiner schaurigen Begriffswelt
noch unser Levkoienbeet vernichten.«

Darum ist es mit einem strikten Bilderverbot nicht getan. Vielmehr gilt es, die Spannung zwischen der Unerläßlichkeit und der Unzuträglichkeit aller menschlichen Bilderrede von Gott durchzuhalten und das Zweite Gebot entsprechend in praktikablen Leitsätzen zu entfalten.

Erstens: Von Gott menschenförmig reden heißt, seiner Offenbarung ent-sprechen.

Wo immer Offenbarung Gottes geschieht, dort geht sie ein »ins Fleisch«, das heißt in menschliche Vorstellungen, Bilder und Begriffe. Gerade wer Gott nicht in ein Jenseits verbannt, sondern sein Wirken in der hiesigen Welt erfährt, kommt um eine bildhafte Rede von Gott nicht herum.

Zweitens: Die menschenförmigen Bilder von Gott sagen nicht aus, wie Gott an sich ist, sondern wie Menschen sein Handeln erfahren haben.

Wie eine Mutter für ihr Kind nicht nur *einen* Namen hat, sondern mehrere, wie Liebende sich mit immer neuen Namen nennen, wie sich in der Phantasie des Dichters die Bilder reihen, genauso geht es den Glaubenden, wenn sie von Gott erzählen. Überwältigt von ihren Erfahrungen, häufen sich ihnen die Namen und Bilder. So verrät sich gerade in den sogenannten »Anthropomorphismen« ineins die Lebendigkeit und die Sprachkraft einer Religion.

Drittens: Die Vielfalt der Gottesbilder bewahrt davor, Gott nur an ein einziges Bild zu heften und sich auf diese Weise nun doch ein festes Bild von ihm zu machen.

Der Glaube hat die Wahrheit Gottes immer nur in Bildern, und in keinem geht sie ganz auf. Daher dürfen die Worte und Bilder, in denen der Glaube von Gott spricht, immer nur flüchtige Entwürfe, gleichsam »Sprachspiele«, sein, welche die Wirklichkeit Gottes umkreisen, sie jedoch nicht definieren, wohl aber transparent werden lassen. Der Umgang mit ihnen gleicht dem Sprung von einer Eisscholle auf die andere; zu langes Verweilen führt zum Tod – nicht zum Tod Gottes, wohl aber des Gottesbildes.

Eine Götterstatue ist statisch, darum unveränderlich und ein für allemal fertig; die bildliche Rede von Gott hingegen ist dynamisch, darum lebendig und niemals abgeschlossen. Das ständige Zerbrechen aller Gottesbilder ist die Rückwirkung der Wirklichkeit Gottes selbst auf unsere Produktionen und Projektionen. Gott läßt sich durch kein Bild aufhalten.

Dies gilt auch für die Rede von Gottes Personsein. Es handelt sich bei ihr nicht um die Feststellung einer göttlichen Eigenschaft, sondern um die Beschreibung eines Stückes im Glauben erfahrenen Lebens. Das erste ist stets die persönliche Erfahrung Gottes als ein Gegenüber und Du – das zweite die nachträgliche Deutung dieser Erfahrung mit Hilfe des Personbegriffs. Gott ist nicht die höchste Person unter allen anderen Personen, aber er begegnet höchst persönlich. Darum redet die Theologie von Gott *auch* als Person, aber wohl wissend, daß auch dies nur eine Chiffre ist, die auf Gott hinzeigt, deshalb darauf bedacht, die personalen Aussagen über Gott nicht zu einem System aufzustauen, sondern durch neue Erfahrungen und Deutungen ständig im Fluß zu halten.

Viertens: Alle Bilder von Gott bedürfen der Deutung durch sein Wort.

Ohne deutendes Wort bleibt jedes Bild undeutlich oder stumm. Zum Beispiel: Wenn ich im Fernsehen bei abgestelltem Ton das Bild eines weinenden Farbigen sehe, so erkenne ich nicht, warum er weint: ob er gerade seine Mutter verloren hat, zum Tode verurteilt worden ist oder die 100-m-Strecke gewonnen hat. Um den Grund seiner Tränen zu erkennen, bedarf ich der Interpretation des Bildes durch das Wort. Selbst wenn ich mir das Bild in Gedanken deute, denke ich dabei in Worten.

Dasselbe gilt auch für alle menschenförmigen Bilder von Gott. Für ihre richtige Deutung ist der Mensch verantwortlich und als Gottes Ebenbild dazu auch fähig: Er vernimmt aus der Bibel Gottes in Bilder gefaßtes Wort, macht im Leben seine Erfahrungen mit ihm, spricht diese seinerseits in Bildern aus und deutet die Bilder wiederum mit eigenen Worten. Auf diese Weise hat er seine Bilder von Gott zu verantworten: ob sie menschenförmig und dennoch gottgemäß sind.

Fünftens: Wie das Bild, das sich der Mensch von Gott macht, Gott gemäß sein muß, so auch das Bild, das er sich vom Menschen macht, dem Menschen gemäß.

In der Beziehung von Mensch zu Mensch führt die Nötigung zum Bildermachen in die gleiche Verlegenheit wie im Verhältnis zwischen Mensch und Gott. Soll ich mir von meinem Mitmenschen ein Bild machen oder nicht? Beides scheint gleich gefahrvoll zu sein. Mache ich mir von ihm kein Bild, so bleibt unsere Beziehung rein im Abstrakten, ohne Gedenken und Erinnern, ohne lebendige gegenseitige Teilnahme. Mache ich mir dagegen von dem anderen ein Bild, so laufe ich Gefahr, ihn zu fixieren oder gar zu manipulieren, indem ich ihn auf meine Vorstellungen festlege und ihn so seiner Eigenheit und Freiheit beraube.

Auch hier gilt es, statt eines kurzschlüssigen Entweder-Oder, die Spannung zwischen der Unerläßlichkeit und der Unzulänglichkeit allen menschlichen Bildermachens durchzuhalten. Dies vermag jedoch allein die Liebe, die sich für den anderen offenhält und sich nicht einbildet, über ihn »im Bilde« zu sein. Was aber ist diese Liebe anderes als ein Abbild jener Liebe Gottes, die den Menschen nach ihrem Ebenbild geschaffen hat?

Das Dritte (zweite) Gebot: Du sollst den Namen Gottes nicht mißbrauchen

»Du sollst den Namen des Herrn, deines Gottes, nicht mißbrauchen, denn Gott wird den nicht ungestraft lassen, der seinen Namen mißbraucht.«

»Ach du lieber Gott«, »o Gott, o Gott«, »um Gottes willen«, »Gott sei Dank« – das sind meistens gedankenlose Redensarten, jedoch nur »Puppensünden«, die man zwar lassen sollte wie alle unbedachten Plappereien, die aber weder ernsthaft Gott entehren noch den Menschen schaden. Gerade darum aber geht es im Dritten Gebot: um den Mißbrauch des Namens Gottes zur Sicherung und Steigerung der eigenen Macht gegenüber den Mitmenschen. Solcher religiöser Machtmißbrauch heißt in der Religionsgeschichte »Magie« – es ist der drohende Schatten jeder Anrufung Gottes, die Warnung vor der Nennung seines Namens in der Politik ebenso wie in der Theologie.

Entsprechend geht durch die ganze Bibel eine Abweisung gegenüber jedem Versuch, Gott auf einen Namen festzulegen.

Das ausdrückliche Beispiel dafür bietet Moses erste Gottesbegegnung, seine Berufung. Als Gott ihn aus dem brennenden Dornbusch anruft und ihn beauftragt, das Volk Israel aus der Knechtschaft in Ägypten herauszuführen, da möchte Mose seinen Namen erfahren, um seinen Volksgenossen seine Gottesbegegnung glaubhaft zu machen und sich so vor ihnen zu legitimieren – der Name bestätigt die

Existenz. Aber Mose erhält nur die abweisende Antwort: »Ich bin, der ich bin.« (2. Mose 3,14) Diese Tautologie wirkt wie ein Haltesignal.

Ähnlich ergeht es Jakob. Als er Gott nach seinem nächtlichen Kampf mit ihm am Jabbok fragt, wie er heiße, da verweist ihm dieser seine Bitte: »Warum fragst du, wie ich heiße?« (1. Mose 32,20) Und als der »Engel des Herrn« Manoah wider Erwarten die Geburt eines Sohnes ankündigt, möchte er gleichfalls dessen Namen erfahren, um zu wissen, wen er verehren soll, wenn die Prophezeiung sich erfüllt hat; aber auch ihm antwortet der Engel: »Warum fragst du mich nach meinem Namen, der doch ein Geheimnis ist?« (Richter 13, 18) Schließlich durfte im Judentum zur Zeit Jesu der Name Gottes überhaupt nicht mehr genannt werden.

Dem entspricht in der Geschichte der christlichen Theologie die Tradition der sogenannten »negativen Theologie«, die von Gott nur auszusagen wagt, was er *nicht* ist. »Nescio, nescio – ich weiß nicht, ich weiß nicht«, antwortet Bernhard von Clairvaux auf alles Fragen nach Gott. Und Meister Eckhart unterscheidet zwischen »Gott« und »Gottheit«, wobei er unter »Gott« die unvollkommene Vorstellung, die der Mensch sich von Gott macht, versteht, unter »Gottheit« hingegen den unnennbaren göttlichen Grund des Seins selbst.

Aber die Verschweigung des Namens Gottes ist nur die eine Seite der Begegnung zwischen Gott und Mensch. Hand in Hand mit der Verbergung geht die Offenbarung, mit der Abweisung die Zusage. Das deutlichste Beispiel dafür bietet wiederum die Berufung Moses.

Gottes Antwort: »Ich bin, der ich bin«, läßt sich auch übersetzen: »Ich werde sein, der ich sein werde.« Denn zwischen Präsens und Futur, zwischen Gegenwarts- und Zukunftsform kennt die hebräische Sprache keinen erkennbaren Unterschied. Diese grammatikalische Unbestimmtheit gibt theologisch Sinn. Sie spiegelt die Doppeldeutigkeit der Selbstaussage Gottes wider: sie gebietet dem Menschen Halt und gewährt ihm Halt.

Zunächst die Abweisung: »Ich bin, der ich bin« – was geht's dich an? Daraus spricht die Unverfügbarkeit und Freiheit Gottes, seine Entzogenheit gegenüber allem menschlichen Begreifen und Benennen. Es ist das Gewahrwerden der Göttlichkeit Gottes: Gott hat seinen Grund in sich selbst – Gott kommt von Gott und ist deshalb nur durch seine Selbstoffenbarung erfahrbar. Aller Glaube an Gott beginnt daher mit der Erfahrung seiner Nichterfahrbarkeit. Und dieser Schock des Anfangs bleibt und begleitet auch künftighin alle Gotteserfahrung als immer neues Erschrecken über die dunkle Seite an Gott, als die Erfahrung seiner Verborgenheit.

Aber die herbe Abweisung: »Ich bin, der ich bin«, trägt zugleich die Zusage in sich: »Ich werde sein, der ich sein werde.« Das heißt: Gott wird seine Göttlichkeit erweisen – nur darum ist Gotteserfahrung für den Menschen überhaupt möglich. Er bleibt in allem Wandel der Welt sich selber treu – darum ist auf ihn Verlaß. Zwar verschweigt Gott Mose seinen Namen, aber er gewährt ihm und seinem Volk Führung und Geleit; er sagt Jakob nicht, wie er heißt, aber er segnet ihn und seine Nachkommen; der Engel sagt Manoah nicht, wer er ist, aber nach neun Monaten wird Simson, der spätere Richter Israels, geboren.

Mit alldem hört Gottes Verborgenheit jedoch nicht auf. Sie verzieht sich nicht wie eine dunkle Wolke, Gott bleibt in sie gehüllt. Sein Offenbarwerden erhellt nur unser Dunkel, und erhelltes Dunkel bedeutet Zwielicht. Mehr ist uns nicht beschieden.

Aus dieser Zweideutigkeit der Welt haben sich die Menschen allzeit heraus nach der Eindeutigkeit Gottes gesehnt, nach der Nennung seines Namens und nach der Teilhabe an der mit dem Gottesnamen verbundenen Macht. Und so läuft in der Geschichte der abendländischen Christenheit parallel zur negativen Theologie, die den Namen Gottes überhaupt nicht zu gebrauchen wagt, eine ehrfurchtslose Inanspruchnahme seines Namens für alle möglichen egoistischen Ziele und Zwecke.

»Gott will es« – wie ein unheilkündendes Fanal steht der Aufruf zum Ersten Kreuzzug über der Geschichte des christlichen Abendlands: Gott als Vorspann für die eigene Sache, als Motor der Moral, als Schlüssel zur Erklärung der Welt, als Deckmantel der Tyrannei, als Quelle der Vaterlandsliebe, als Bürge des Fortschritts im Frieden und als Garant des Sieges im Krieg.

Im Ersten Weltkrieg haben die »deutschnationalen« Kriegsprediger in allen Ländern und an allen Fronten den Soldaten eingeredet, daß Gott mit ihnen sei und ihr Sieg darum sein Wille. Nach dem Zweiten Weltkrieg haben dann christliche Theologen die russische Oktoberrevolution von 1917 als Gottes heilbringenden Willen gedeutet, den auch die Christen mit zu vollstrecken hätten. So reicht die Beschwörung des Namens Gottes von Kaiser Konstantins Sieg im Zeichen des Kreuzes über das Bündnis zwischen Thron und Altar bis zur Gleichsetzung des Reiches Gottes mit der klassenlosen Gesellschaft: Gott mit uns – Forwards, Christian Soldiers! – Großer Zapfenstreich, stillgestanden! Helm ab zum Gebet: »Ich bete an die Macht der Liebe, die sich in Jesus offenbart.« Läßt sich eine ärgere Lästerung des Namens Gottes denken?

Das konnte nicht gutgehen – und ist auch nicht gutgegangen. Die Drohung des Dritten Gebots, daß Gott den nicht ungestraft lassen werde, der seinen Namen mißbraucht, hat sich in der Geschichte des Abendlands erfüllt. Gott hat nicht aus lauter Zorn wild um sich geschlagen, er hat die Menschen nur den Folgen ihres eigenen Tuns überlassen. Am Ende hat der gemeinsame Mißbrauch des Namens Gottes durch den Staat und die Kirche dahin geführt, daß sein Name vielen Zeitgenossen verdächtig geworden ist und sie ihn nun überhaupt nicht mehr gebrauchen.

Der Gehorsam der Christen gegenüber dem Dritten Gebot hat darin zu bestehen, daß sie den christlichen Namen aus dem politischen Spiel herauslassen, daß sie statt auf die religiöse Magie auf die menschliche Vernunft bauen und die Beschwörung Gottes durch die eigene Verantwortung ersetzen. Das wäre ein Akt der Ehrlichkeit zur Ehre Gottes.

Aber trotz allem, was in Gottes Namen auf Erden geschehen ist – wir können auf den Namen »Gott« nicht verzichten. Wir müssen immer aufs neue das Unerhörte wagen, daß Menschen – endliche, sündige, sterbliche Menschen – mit ihren Worten von Gott reden. Auch hier kann allein Gottes Gnade gutmachen, was der Mensch auf alle Fälle schlechtmacht. Gott muß uns auch unsere Theologie vergeben, vielleicht nichts so sehr wie unsere Theologie. »Wir können das Wort ›Gott‹ nicht reinwaschen, und wir können es nicht ganzmachen; aber wir können es, befleckt und zerfetzt, wie es ist, vom Boden erheben und aufrichten über einer Stunde großer Sorge.« (Martin Buber)

Das Vierte (dritte) Gebot: Du sollst den Feiertag heiligen

»Gedenke des Sabbattags, daß du ihn heiligst. Sechs Tage sollst du arbeiten und alle deine Werke tun. Aber am siebten Tag ist der Sabbat des Herrn, deines Gottes. Da sollst du keine Arbeit tun, auch nicht dein Sohn, deine Tochter, dein Knecht, deine Magd, dein Vieh, auch nicht dein Fremdling, der in deiner Stadt lebt. Denn in sechs Tagen hat Gott Himmel und Erde gemacht und das Meer und alles, was darin ist, und ruhte am siebten Tage. Darum segnete Gott den Sabbat und heiligte ihn.« (2. Mose 20,8–11)

»Denn du sollst daran denken, daß auch du Knecht in Ägypten warst und Gott dich von dort herausgeführt hat mit mächtiger Hand und ausgerecktem Arm. Darum hat dir Gott geboten, daß du den Sabbattag halten sollst.« (5. Mose 5,15)

Das Vierte Gebot meint mehr als nur die Einhaltung eines Ruhetags in der Woche zur Wiederherstellung der Arbeitskraft. Es erinnert daran, daß die Zeit des Menschen nicht dem Umlauf der Gestirne unterworfen ist, sondern in Gottes Hand steht, und fragt deshalb, wie ein Mensch mit der empfangenen Zeit in seinem Leben umgeht, ob er den gottgewollten Rhythmus von Arbeit und Ruhe, von Werktag und Feiertag einhält.

Der Wechsel zwischen Tätigkeit und Muße ist der Pendelschlag des Lebens und gibt ihm mit dem Rhythmus seine Kontur. Die gleitende Arbeitswoche stört diesen Rhythmus und nimmt dem Leben seine Kontur.

Entfremdung der Arbeit und Entleerung der Freizeit bedingen sich gegenseitig.

Die Arbeit ist die dem Menschen von Gott zugemessene Tätigkeit zwecks Erhaltung der Schöpfung; sie bedeutet Teilnahme des Menschen an Gottes Schöpferhandeln. Zum Feind wird sie erst, wenn ein Mensch, freiwillig oder gezwungen, zu viel oder zu wenig Arbeit hat.

In Todesanzeigen kann man bisweilen rühmend lesen: »Sein ganzes Leben war Arbeit.« Das ist eine schreckliche Lebensbilanz; denn man muß annehmen, daß es dann höchstens ein halbes, vielleicht auch gar kein Leben war.

Aber auch wenn ein Mensch keine Arbeit hat, kann diese ihm zum Feind werden. Denn wer keine Arbeit hat, kann auch keine Ruhe halten – Ruhe gibt es erst nach getaner Arbeit. Der Arbeitslose hat darum nicht alle Tage Sonntag; vielmehr büßt er mit dem Verlust der Arbeit auch das Vermögen ein, das Nichtstun zu genießen und die Ruhe bewußt zu erleben.

Heute scheint die Freizeit bald schon zu einem größeren Problem zu werden als die Arbeit. Noch niemals haben die Menschen in unserer Gesellschaft so viel freie Zeit gehabt. Der Sonntag hat sich zum zweitägigen Wochenende ausgeweitet und verlangt ein entsprechendes Kontrastprogramm zum Alltag, anstrengender oft noch als die Arbeit.

Dadurch ist der Sonntag diffus geworden. Überfluß schafft Verdruß. Die Befreiung von der Arbeit beschert keine Freiheit, sondern erzeugt geistlose Leere: Sich-endlich-gehen-lassen-können – aber wohin? Tun-und-lassen-können, was einem gefällt – was aber, wenn einem nichts Gescheites einfällt? Die einen wissen mit ihrer freien Zeit nichts anzufangen und fallen in einen öden Sonntagstrott, die anderen fangen in ihr zuviel an und geraten in eine aufenthaltslose Motorik und Mobilität. So endet der Sonntag in der sogenannten »Sonntagsneurose«. Am Sonntagabend verzeichnet die Telefonseelsorge die meisten Anrufe.

In diese zweifache Entfremdung – der Arbeit und der Freizeit – trifft das Vierte Gebot und gebietet: »Gedenke des Sabbattags, daß du ihn heiligst. Da sollst du keine Arbeit tun.«

Dies ist eine der größten Wohltaten, die der Menschheit widerfahren sind. Es ist eigentlich gar kein Gebot, sondern ein Angebot: Die Arbeit niederlegen, müde sein dürfen und nichts tun, einfach nur dasein, festen und feiern, selber ruhen und die anderen in Ruhe lassen.

Diese Ruhe nach getaner Arbeit wird allen Geschöpfen verordnet: nicht nur den Eltern, auch den Söhnen und Töchtern, nicht nur den Knechten und Mägden, auch dem Fremdling, der in der Stadt lebt, nicht nur den Menschen, auch dem Vieh. Ein Hauch vom Frieden des Paradieses weht durch den Sabbat. Es ist wie ein Aufatmen der ganzen Schöpfung zusammen mit Gott.

Das Sabbatgebot wird im Dekalog auf zweierlei Weise begründet: Einmal mit der Erinnerung an Israels Befreiung aus dem Sklavenhaus in Ägypten: »Denn du sollst daran denken, daß auch du Sklave warst in Ägypten und der Herr, dein Gott, dich von dort herausgeführt hat.« (5. Mose 5,15) Ein Sklave darf nur ausruhen, um neue Kraft für die nächste Arbeit zu schöpfen, aber er darf nicht müßiggehen. Müßiggang ist aller Freiheit Anfang! Wer am Sabbat arbeitet, gleicht darum einem, der in das Sklavenhaus Ägypten zurückgekehrt ist.

Die andere Begründung des Sabbatgebots ist die Erinnerung an den siebten Tag, den Schlußakkord der Schöpfung: »In sechs Tagen hat Gott Himmel und Erde geschaffen ... und ruhte am siebten Tag, segnete und heiligte ihn.« (2. Mose 20,11) Gottes Ruhe ist das Siegel auf die Vollendung seiner Schöpfung und der Sabbat das Zeichen dafür.

So wird der Feiertag der Woche – ob wir ihn Sabbat nennen und am letzten Tag begehen oder ihn Sonntag heißen und am ersten Tag feiern – zu einem Pfeiler im Strom der Zeit, an dem wir anhalten, festmachen und uns darauf besinnen:

- daß wir Gottes Ebenbild sind und darum nicht vom Brot allein leben;
- daß wir unsere Mitmenschen als Gottes Geschöpfe ehren und darum ihren Wert nicht an ihren Leistungen messen sollen;
- daß wir nicht um der Arbeit willen, sondern um des Lebens willen da sind und darum Herren der Arbeit bleiben sollen und nicht zu ihren Knechten werden;
- daß wir uns nicht selbst gesetzt haben, sondern uns verdanken und darum Empfangen vor Handeln geht;
- daß unsere Arbeit sich nicht unmittelbar in Erfolg umsetzt – manchmal gelingt's, manchmal gelingt es nicht – und wir darum in unserem Tun auf den Segen Gottes angewiesen sind;
- daß Gottes Schöpfung gut ist und wir sie darum mit unserer Arbeit erhalten, nicht aber zerstören sollen;
- daß all unser Tun und Trachten Stückwerk bleibt und nur Gott es am Ende vollenden kann.

Um unseren eigenen Sonntagstrott zu entschuldigen, verdächtigen wir gern die Sonntagsheiligung vergangener Tage, als wäre sie ein einziges Gefängnis gewesen. Gewiß darf die Religion nicht zur Pflicht oder gar zum Zwang werden, aber eine gute Ordnung schadet ihr nicht. Das gilt selbst immer noch für den Kirchgang am Sonntag. In der Sowjetunion haben im Kampf gegen die Religion die Großmütter über die Kommunistische Partei gesiegt. Weil sie in den Jahren der Unterdrückung treu zur Kirche gegangen sind, können es heute, wenn sie wollen, wieder alle tun.

Das Fünfte (vierte) Gebot:
Du sollst Vater und Mutter ehren

»Du sollst deinen Vater und deine Mutter ehren, auf daß du lange lebst und es dir wohlgehe in dem Land, das ich, dein Gott, dir zeigen will.«

Mit dem Fünften Gebot beginnt die Zweite Tafel des Dekalogs, die, ohne die Verbindung zu Gott aus den Augen zu lassen, von der Beziehung der Menschen untereinander handelt: wie Menschen, die im gleichen Haus der Welt wohnen, sich zueinander verhalten sollen.

Und da steht das wechselseitige Verhältnis zwischen Eltern und Kindern zu Recht am Anfang, denn es bildet die primäre Struktur aller menschlichen Existenz. »Von Geschlecht zu Geschlecht« zieht sich die Geschlechterkette und bildet so die biologische und soziale Grundlage aller Menschengeschichte. Um ihre Gefährdung und Bewahrung kreist das Fünfte Gebot.

Jahrhundertelang galt das Elterngebot als das Manifest der patriarchalischen Gesellschaftsordnung. Der »Vater« war die idealistisch übersteigerte Symbolfigur aller Autorität im Himmel wie auf Erden. In einem theokratischen Kurzschluß von oben nach unten wurde die Macht des himmlischen Vaters auf die mancherlei irdischen Väter übertragen: auf Landesväter, Kirchenväter, Hausväter, sogar »heilige Väter«, dazu auf Landesherren, Grundherren, Pfarrherren und Lehrherren, auf Bürgermeister, Schulmeister, Feldwebel und Gendarmen. Die Mütter standen, trotz ihrer heimlichen Stärke und Bedeutung, im gebührenden

Abstand zu den Vätern, oft sogar auf der Seite der Untertanen gegenüber den Herren.

Die Frage ist, ob und in welcher Weise das Fünfte Gebot heute noch gilt, nachdem zuerst die Söhne den Aufstand gegen die Väter geprobt und sich sodann die Frauen von der Herrschaft der Männer zu befreien begonnen haben.

Eltern und Kinder sind sich die nächsten Nächsten – darum ist ihre Beziehung zueinander so verflochten und komplex.

Weil es um die Bewahrung des Erbgangs von einer Generation zur anderen geht, betrifft das Fünfte Gebot jung und alt. Darum kommt es darauf an, beide Seiten in das richtige Verhältnis zueinander zu setzen und zu einem entsprechenden Verhalten anzuleiten. Demgemäß hat das Gebot zwei Pointen: Es richtet sich keineswegs nur einseitig an die Kinder und schärft ihnen den Gehorsam gegen ihre Eltern ein, sondern ebenso an die Eltern und verpflichtet sie zum richtigen Umgang mit ihren Kindern.

Nicht gegenseitige Hörigkeit, sondern beiderseitige Achtung ist gefordert. Das Wort »ehren« meint, wenn man es wörtlich aus dem Hebräischen übersetzt, dem anderen sein ihm zukommendes Gewicht geben, ihn wichtig nehmen, mithin weder sich ihm untertänig unterwerfen noch sich gnädig zu ihm herablassen.

Im Laufe des Lebens verschieben sich die Gewichte zwischen Eltern und Kindern. Am Anfang haben die Eltern naturgemäß das Übergewicht. Ihnen verdanken die Kinder ihr Leben, nicht nur ihre Zeugung und Geburt, auch ihre Aufzucht und Erziehung, wobei zum »Leben« das kulturelle Erbe in seiner ganzen Fülle gehört: Sprache und Wissen, Weltkunde und Lebenserfahrung und gewiß auch die Schuld vergangener Tage. Keine Generation fängt beim Nullpunkt an; jede schuldet sich der vorangegangenen.

Das Gewicht der Eltern darf jedoch nicht zum Übergewicht werden, das die Kinder zu erdrücken droht. Vielmehr müssen die Eltern lernen, daß ihre Kinder nicht ihnen gehören, sondern sich selbst. Darum sollen auch sie ihre Kinder »ehren«, das heißt, ihnen ihr Eigengewicht gönnen und sie nicht nach ihrem Bild formen wollen: Wohlan, laßt uns Kinder machen – ein Bild, das uns gleich sei! Dagegen hat schon der junge Schleiermacher in seinem »Katechismus der Vernunft für edle Frauen« protestiert und statt der Unterwerfung die Emanzipation zum pädagogischen Prinzip erhoben: »Ehre die Eigentümlichkeit und Willkür deiner Kinder, auf daß es ihnen wohl ergehe und sie kräftig leben auf Erden.«

Darum muß der Gehorsam ins Vertrauen gefaßt sein. Dies aber verlangt als vornehmliches Erziehungsmittel das Gespräch, das sich nicht des moralischen Appells, sondern des Sacharguments bedient. Statt den Heranwachsenden mit elterlichen Ermahnungen und Ratschlägen zu erschlagen, sucht es ihm mit Gründen der Vernunft Einsicht in die Notwendigkeiten des Lebens zu vermitteln und so zu einem eigenen Weg zu verhelfen. Dies geht gewiß nicht ohne Auseinandersetzungen und gegenseitige Kritik ab. Aber auf diese Weise wird der junge Mensch im Elternhaus in die Konfliktbewältigung eingeübt und so auf seine spätere Stellung in der Gesellschaft vorbereitet.

Im Alter verschieben sich die Gewichte zwischen Eltern und Kindern. Jetzt erhalten die Kinder das Übergewicht und sind sie es vor allem, die die Eltern zu ehren haben, zumal wenn diese pflegebedürftig, womöglich gar schrullig sind. Auch am Ende, wenn die Lebenskraft nachläßt oder gar nicht mehr vorhanden ist, behalten die Eltern ihr eigenes Lebensrecht und ihre Ehre. Mit Geld allein aber läßt sich der Generationsvertrag nicht abgelten.

Das Fünfte Gebot betrifft allein das Verhältnis zwischen Eltern und Kindern. Es ist nicht auf irgendwelche »Obrigkeiten« zu übertragen, wie Luther und Calvin es getan haben. So schreibt Martin Luther im Großen Katechismus: »Bei diesem Gebot muß weiter auch die Rede sein von all dem Gehorsam gegenüber Vorgesetzten, die zu gebieten und zu regieren haben. Denn aus der Überordnung der Eltern entspringt und verbreitet sich alles andere.« Und ganz ähnlich Calvin im Genfer Katechismus: »Hierdurch ist uns Ehrfurcht geboten gegenüber unseren Eltern und jenen, die gleichrangig über uns gesetzt sind, wie Fürsten und Stadtväter. Wir müssen ihnen nämlich Ehrerbietung, Gehorsam und Dankbarkeit erweisen und jeden Dienst leisten, den zu verrichten wir imstande sind.« Aus solcher Ausweitung des Fünften Gebots ist viel politisches Unheil erwachsen.

Es gibt keine Hierarchie göttlich sanktionierter Vaterschaften! Staat und Kirche oder gar Arbeitgeber, Vorgesetzte, Richter und Pfarrer sind höchstens sekundäre Autoritäten. Sie sind gewählt, nicht geboren; keiner von ihnen hat Menschen das Leben gegeben. Selbst Kirche und Staat sind weder zu ehren noch zu lieben. Ihnen gebührt Loyalität, nicht Gehorsam. Und die Familie ist nicht die Keimzelle des Staates – sie trägt ihren Sinn in sich selbst.

Das Fünfte Gebot hat als einziges eine Verheißung: »auf daß du lange lebest und es dir wohlgehe in dem Land, das dir Gott geben wird«. Das klingt wie eine Lockung. Es verheißt eine offene Zukunft und geschichtliche Kontinuität. Wo das Fünfte Gebot gehalten wird, dort geht das gottgeschenkte Leben weiter, und der Zusammenhang zwischen den Generationen bleibt gewahrt.

Das Sechste (fünfte) Gebot: Du sollst nicht töten

»Du sollst nicht töten« – angesichts einer Welt, die voll von Mord und Totschlag ist, in der Jahr für Jahr Kriege geführt werden, in der täglich geraubt, gemordet, vergewaltigt, abgetrieben, gefoltert und hingerichtet wird, in der stündlich Menschen und Tiere hungern, gequält werden, leiden und sterben. Im Anblick solcher tausendfachen Tode hilft die historische Erklärung, daß das alttestamentliche Tötungsverbot sich »nur« auf den Mord am einzelnen Mitmenschen, womöglich gar nur am Volksgenossen beziehe und daß auch Israel im Namen Gottes heilige Kriege geführt habe, nicht weiter. Da wird das exegetische Fündlein unter der Hand zur frommen Ausrede. Hier gilt es vielmehr zu erweisen, daß die Zehn Gebote keine auf steinerne Tafeln gemeißelten zeitlosen Gesetze sind, sondern im gewandelten geschichtlichen Horizont jeweils neu ausgelegt sein wollen.

Längst hat unser Verständnis dessen, was »Tod« und entsprechend »töten« heißt, sich erweitert und vertieft. Wir brauchen uns nur zu überlegen, wann und wofür wir das Wort »sterben« im Leben gebrauchen: Ehen sterben, Freundschaften sterben, Ideen sterben, und auch ein Wald, eine Stadt oder eine Kirche können sterben. Wo immer Beziehungen abgebrochen und Verhältnisse gelöst werden, ob im privaten oder gesellschaftlichen Lebensbereich, ob in der Politik oder in der Natur, dort überall ist der Tod schon im Gange, wird schon getötet, ehe noch das Ergebnis sichtbar in Erscheinung tritt.

Im Licht dieser Ausweitung und Vertiefung unseres Todesverständnisses hat sich auch das Sechste Gebot radikalisiert; darum gilt es, seine Bedeutung neu zu bedenken.

Gott ist ein Liebhaber des Lebens; in allem, was lebendig ist, schafft sein Lebenswille. Leben aber kann sich nur behaupten und entfalten, indem es anderes Leben verdrängt. Dies ist ein Naturgesetz, dem alle Kreaturen unentrinnbar unterworfen sind.

Auch menschliches Leben gibt es nur auf Kosten – zum »Leidwesen« – von anderem Leben: Wir kommen in unserem Leben voran, weil andere hinter uns zurückbleiben. Wir essen und werden satt, weil die Armen in der Dritten Welt unseretwegen hungern. Wir sind vor Schaden an Leib und Leben bewahrt, weil der Staat uns unter Anwendung von Gewalt schützt und anderes Leben dadurch eingrenzt. Wir können für Frieden ohne Waffen sein, weil andere sich mit Waffen für ihn einsetzen.

Aber daß Leben stets anderes Leben verdrängt, Leben und Tod sich mithin miteinander verschlingen, ist nicht nur ein Gesetz der Natur, dem auch der Mensch unfreiwillig unterworfen ist – es stammt zugleich aus der innersten Tiefe des Menschen selbst. Vor aller handgreiflichen Tat schon wurzelt die Aggression im Herzen des Menschen. Der Mord bildet nur die letzte Stufe einer lebensbedrohlichen Klimax. Der Prozeß des Tötens reicht vom unbedachten Zorn über die bewußte Beleidigung bis hin zum unbeherrschten Totschlag und schließlich wohlüberlegten Mord.

Der Tod löst keine Probleme – wie aber lösen wir das Leben aus seiner Umschlingung durch den Tod? Ein todloses Leben gibt es nicht, ein Leben ohne Tod ist eine Utopie. Damit würde das Gebot »Du sollst nicht töten« zur bloßen Farce. Den Tod zu überwinden, steht nicht in unserer Macht. Wir können vor seinem endgültigen Sieg immer nur, vorläufig, so viel Leben wie irgend möglich zu retten trachten.

Damit wird das Sechste Gebot ins Positive gewendet. Aus dem Verbot des Tötens wird das Gebot der Hilfe zum Leben oder, wie Albert Schweitzer es ein für allemal gültig formuliert hat, die »Ehrfurcht vor dem Leben«. An ihrem Anfang steht die grundsätzliche Entscheidung für das Leben gegen den Tod, auch wenn wir am Ende die Verlierer bleiben werden.

Das Gebot »Du sollst nicht töten« macht alles menschliche Handeln problematisch. Es gelingt uns immer nur, mit Sensibilität und Phantasie eine Schneise für das Leben in den Machtbereich des Todes zu schlagen. »Notfalls« geht dies sogar nicht ohne Anwendung von Macht, und das heißt, nicht ohne die gewaltsame Einschränkung von Leben, womöglich sogar nicht ohne Töten.

An dieser Stelle liegt heute die entscheidende Problematik des Sechsten Gebots. Hier befindet sich die Christenheit spätestens seit dem Zweiten Weltkrieg in einem Lernprozeß. Die durch das Sechste Gebot markierte Fahrrinne ist im Vergleich zu früheren Zeiten sehr viel schmaler und damit die einst erlaubte oder auch nur unerlaubt angemaßte Navigationsbreite zu einer engen Durchfahrt geworden. Ja, unter Christen und Nichtchristen wächst weltweit die Zahl derer, die hier überhaupt kein Durchkommen mehr sehen.

Derselbe Luther, der in seiner Erklärung zum Sechsten Gebot sagt, daß »wir unserem Nächsten an seinem Leibe keinen Schaden noch Leid tun, sondern ihm helfen und [ihn] fördern sollen in allen Leibesnöten«, kann in seiner Schrift »Ob Kriegsleute auch in seligem Stande sein können« ungescheut erklären: »Weil das Schwert ist von Gott eingesetzt, die Bösen zu strafen, die Frommen zu schützen und Friede zu handhaben, so ist's auch gewaltiglich genug bewiesen, daß Kriegen und Würgen von Gott eingesetzt ist

... Ob's nun wohl nicht scheinet, so ist's doch in Wahrheit auch ein Werk der Liebe ... Sehe ich an, wie er die Frommen schützt, Weib und Kind, Haus und Hof, Gut und Ehre und Friede damit erhält und bewahret, so find't sichs, wie köstlich und göttlich das Werk ist.«

So kann heute kein Christ mehr sprechen. Mag sein, daß »notfalls« Gewalt angewandt und sogar getötet werden muß – aber niemals mehr darf solches Töten im Namen Gottes geschehen. Und mag man früher von »gerechten Kriegen« gesprochen haben, heute darf man es nicht mehr. Wer Krieg führt, nimmt in jedem Fall Schuld auf sich, und auch wenn er an die Vergebung solcher Schuld durch Gottes Gnade glaubt, so hüte er sich doch, auf Christi Kreide zu zechen. Es gibt in dieser Sache kein »gutes Gewissen«, höchstens ein getröstetes.

Mag sich das Sechste Gebot ursprünglich nur auf die private Sphäre bezogen haben, so ist es heute hohe Zeit, daß wir aus ihm endlich auch die längst fälligen Konsequenzen für den politischen und sozialen Lebensbereich ziehen.

Angesichts des vielfachen Todes in der Welt müssen Christen und Nichtchristen einen »Vortrupp des Lebens« bilden gegen alles, was Menschen auf Erden den Tod zu bringen droht. Hilfe zum Leben bedeutet:

- daß alle gewalttätigen Eingriffe in das Leben der Menschen, wie Mord, Hinrichtung, Folter, Hunger, Plünderung und Krieg, weltweit geächtet werden;
- daß Versöhnung nicht nur zwischen einzelnen Menschen, sondern auch zwischen Völkern möglich ist;
- daß auch in der Politik auf die Dauer Vertrauen besser ist als Kontrolle;
- daß es Gewaltverzicht nicht ohne Rechtsverzichte gibt und daß der Begriff »Verzichtspolitiker« aus einem Schimpfwort zu einem Ehrennamen wird;

– daß Menschen nicht andere Menschen zum Mittel ihrer Zwecke machen dürfen;
– daß Arbeitsverhältnisse geschaffen werden, in denen der Mensch nicht ausgebeutet wird und seine biologischen Kräfte nicht vorzeitig aufgezehrt werden;
– daß die vorhandene Arbeit sinnvoll und gerecht verteilt wird;
– daß es dringender ist, die Randgruppen der Gesellschaft, die Behinderten, Obdachlosen, Alkoholiker, Homosexuellen, Aidskranken, Asylanten und Drogensüchtigen, kurzum, die sogenannten »Asozialen«, in die Gesellschaft einzugliedern, als Gestein vom Mond auf die Erde zu holen;
– daß alle Menschen ohne Ansehen der Person die bestmögliche ärztliche Versorgung erhalten;
– daß das lästerliche Schlagwort vom Recht der Frau auf ihren eigenen Bauch durch die allseitige Suche nach einem menschenwürdigen Leben für Mutter und Kind widerlegt wird;
– daß die Reform des Strafvollzugs und die Behandlung der Geisteskranken sich aus einem Stiefkind in ein Schoßkind der Gesellschaft verwandelt;
– daß auch über dem angeblich »lebensunwerten Leben« als Verheißung das Wort des biblischen Schöpfungsberichts steht: »Gott schuf den Menschen zu seinem Bilde«;
– daß Lebensmüde durch rechtzeitige Betreuung vor dem Selbstmord bewahrt bleiben;
– daß die Menschen die Natur nicht sinnlos ausbeuten, sondern verantwortlich verwalten und die übrige Kreatur, Pflanze und Tier, nicht despotisch unterwerfen, sondern mit ihr solidarisch leben und leiden, wie diese es mit ihnen schon immer getan hat, und auf diese Weise sich die Mitmenschlichkeit zur Mitgeschöpflichkeit ausweitet;

- daß die Alten nicht aus der Gesellschaft verbannt und in Altersheimen isoliert werden, ähnlich der einstmals geübten Tötung durch Aussetzung;
- daß die Menschen schließlich Sterbebeistand erhalten, damit sie würdig sterben können, nicht in einsamer Qual sich selbst überlassen, sondern umgeben und geleitet von ärztlicher Kunst und liebevoller Pflege, so gut und so lange Menschen Mitmenschen auf dem Weg in die »totale Beziehungslosigkeit« ein Geleit geben können.

Alles in allem: Hilfe zum Leben bedeutet in der gesellschaftlichen Praxis – medizinisch, sozial und politisch – die Schaffung von Verhältnissen, in denen der Tod zu dem werden kann, was er nach Gottes Willen sein soll: die Begrenzung des Menschen allein durch Gott. Die Aufhebung der totalen Verhältnislosigkeit im Tod ist allein Gottes Sache. Sache des Menschen aber ist es, durch die Gestaltung der gesellschaftlichen Verhältnisse dafür zu sorgen, daß die Menschen, wie Hiob sagt, »im Alter zu Grabe kommen, wie Garben eingebracht werden zur rechten Zeit«.

Christlicher Glaube heiße – so sagen Christen gern – Berge versetzen und das Unmögliche für möglich halten. Das ist eine jener Übertreibungen, vor denen die Christen sich hüten sollten, weil sie so wenig durch Realität gedeckt sind. Das wäre schon viel, wenn Christen und Nichtchristen miteinander zwar nicht Berge versetzten, aber wenigstens einige Hügel abtrügen und so zwar nicht das Unmögliche möglich, wohl aber das Mögliche nicht länger mehr unmöglich machten. Weil Gott das Leben liebt, sollen auch wir unseren Mitmenschen zum Leben verhelfen.

Das Siebte (sechste) Gebot: Du sollst nicht ehebrechen

»Gott schuf den Menschen zu seinem Bilde und schuf sie als Mann und Frau ... Und Gott sprach: ›Es ist nicht gut, daß der Mensch allein sei; ich will ihm eine Hilfe schaffen, die zu ihm paßt‹ ... Und Gott segnete sie und sprach: ›Seid fruchtbar und mehret euch und füllet die Erde.‹ ... Darum wird ein Mann seinen Vater und seine Mutter verlassen und seinem Weibe anhangen, und sie werden ein Fleisch sein.«

Mit diesen Sätzen wird in den beiden Schöpfungsberichten am Anfang der Bibel die Geschlechtlichkeit des Menschen begründet. Sie ist eine Grundkraft allen menschlichen Lebens, von Gott geschaffen und darum wie alle seine Werke von Grund auf gut. Aber sie will vom Menschen verantwortet und gestaltet sein. Ihre Hauptgestalt ist von früh an die Ehe. Sie bedeutet die innigste Beziehung in dem Dreieck zwischen Gott, Mensch und Mitmensch und gilt daher als ein Urbild der Mitmenschlichkeit.

Die Sexualität des Menschen ist eine Naturkraft, die sich jedoch je nach kulturellem Umfeld und sozialem Bezugssystem einen verschiedenen Ausdruck schafft und damit die Gestalt der Ehe nachhaltig bestimmt. Und so hat auch die im Gang befindliche »sexuelle Revolution« die Auffassung von der Ehe in unserer Zeit entscheidend gewandelt. Das ist die Situation, in die das Siebte Gebot hineintrifft.

Die einen preisen die sexuelle Revolution als die endliche Befreiung zur Ehrlichkeit, die anderen beklagen sie als den krassesten Ausdruck des allgemeinen Sittenverfalls. Beide Urteile haben ihr relatives Recht.

Irrungen und Wirrungen hat es in den Ehen zu allen Zeiten gegeben, Lust und Frust, Alltag und Routine, Gleichgültigkeit und Vergewaltigung, Untreue und Scheidung – dazu viele Leiden. Aber die Barrieren, die einst religiöse Moral und gesellschaftliche Konvention aufgerichtet haben, sind fortgespült, und so ist der Fluß weit über die Ufer getreten. Die Ehe droht zu einer »Beziehungskiste« unter anderen zu werden, zu einem Versuch auf Widerruf, kaum probiert, schon passiert – und der Ehebruch entsprechend zu einem »Seitensprung« oder »Kavaliersdelikt«. Das Alarmzeichen für diese Entwicklung ist der unaufhörliche Anstieg der Ehescheidungen, bald schon an die fünfzig Prozent.

Zur gleichen Zeit aber sehnen sich nach wie vor über fünfzig Prozent aller Frauen und Männer nach einer glücklichen Ehe. Und es gibt sie auch noch reichlich – nur daß auch hier die gute Nachricht leiser von sich reden macht als die schlechte.

Aber vielleicht sollte man statt von glücklichen zutreffender von gelungenen Ehen sprechen: Eheleute, die sich füreinander bestimmt wissen und bei dem Gedanken erschrekken, sie hätten sich unter Millionen Menschen verfehlen können; die einander ganz angehören, in der atemlosen Leidenschaft ebenso wie in der beklemmenden Sorge; die einander entsprechen, aber nicht jeder dasselbe sagen, sondern jeder das ihm Eigene und so zusammen das ihnen mögliche Ganze; die einander nicht leid werden, weil sie klug genug damit rechnen, daß die Liebe ihre zeitliche Gestalt wechselt und es auch in der Ehe verschiedene Gezeiten, Ebbe und Flut, gibt; die auch aneinander leiden und schuldig werden und deshalb immer wieder neu zusammen anfangen müssen; die miteinander alt werden und am liebsten gleichzeitig stürben, damit keiner den anderen beerdigen müßte – und die wegen all dessen, wie Matthias Claudius bei der Silberhochzeit zu seiner Rebekka, sprechen:

»Ich danke dir mein Wohl, mein Glück in diesem Leben.
Ich war wohl klug, daß ich dich fand;
Doch ich fand nicht, *Gott* hat Dich mir gegeben;
So segnet keine andere Hand.«

Die Ursachen der sexuellen Revolution sind mannigfach: die Individualisierung der Ehe durch ihre Herauslösung aus dem Familienverband; die Entdeckung des Eigenwerts der sexuellen Vereinigung, unabhängig vom Willen der Zeugung; die Gleichberechtigung der Frau, ihre Selbständigkeit im Beruf und größere finanzielle Unabhängigkeit; die allgemeine Verlängerung der Lebenserwartung mit der Aussicht auf ein schier endloses Zusammenleben mit einem und demselben Menschen; und als technische Ermöglichung alles dessen, der sexuellen Emanzipation insgesamt, die sichere Handhabung der Empfängnisverhütung mittels der »Pille«.

Die Folgen dieser gründlichen Veränderungen aber sind nicht nur einseitig negativ, sie sind ambivalent. Dieselbe Entwicklung, die zur Personalisierung und Sensibilisierung der Sexualität und damit zu größerer Freiheit und Würde geführt hat, verlockt zugleich zu sexueller Freibeuterei und droht die ehelichen Bindungen zu sprengen.

Aber damit macht die Ehe keine Sonderkrise durch, sondern hat teil an der allgemeinen Krise unserer Zeit, ist vielleicht ihr krassester Ausdruck. Das ist die Unverbindlichkeit unserer Lebensführung, die Scheu, uns einzulassen und festzulegen, gar Opfer zu bringen. Da die Welt im Großen scheinbar »keinen Sinn macht«, sucht man ihn sich im Kleinen zu schaffen und jagt nach dem privaten Glück im Winkel. Damit aber fängt das individuelle wie gesellschaftliche

Leben an, unverbindlich und beziehungslos zu werden. Wahr ist, was nützt, und moralisch erlaubt, was Spaß macht und sich juristisch durchsetzen läßt. Und so gleicht das Leben einer Party, auf der man nach Belieben kommen und gehen kann und sich plauderlings mit dem Glas in der Hand von einem Gast zum anderen bewegt – small talk und I see you later.

Infolge dieser allgemeinen Unverbindlichkeit wird die Sexualität aus einem Risiko zum Abenteuer und reißt die Ehe in ihren Strudel mit hinein.

Wir leben auch hier wie vertrieben aus einem Paradies, in dem wir in Wahrheit niemals gewohnt haben, und schauen, ob es vielleicht irgendwo noch offen ist. Das aber verbietet uns, unabänderliche Gesetze aufzustellen, die die Menschen in ausweglose Situationen bringen, und erlaubt uns nur, in Form von Ratschlägen Wegzeichen zu errichten, an denen man sich einigermaßen orientieren kann.

Erstens: Die Lebensentwürfe sind grundsätzlich freizustellen. Ob jemand in einer Ehe, in einer Partnerschaft oder als Single leben will, muß jedem überlassen bleiben. Zwischen diesen verschiedenen Lebensformen gibt es keine sittlichen Qualitätsunterschiede. Bei allen kommt es allein darauf an, wie *verbindlich* sie gelebt werden.

Zweitens: Die durch die Emanzipation gewonnene Personalisierung der Sexualität zielt auf Ganzheit und Treue. Wer sich zur Ehe entschließt, läßt sich auf einen anderen Menschen ein; er legt sich nicht nur zu ihm, er legt sich auf ihn fest – und der andere ist nicht ein Objekt, sondern ein verletzlicher Mensch. Entsprechend hat er es in der Sexualität nicht nur mit einem Körper, gar nur einem Körperteil, sondern mit einer Person zu tun. Und zur Person gehört die Einheit von Leib, Seele und Geist innerhalb von Raum und Zeit. Darum nicht nur ein Hotelzimmer, sondern das

»Haus«, nicht nur eine Nacht ohne Morgen, sondern ein Leben bis in den Tod. Liebe auf Zeit ist ein Widerspruch in sich. Wann hätten wahrhaft Liebende je zueinander gesprochen: »Ich liebe dich – aber ich weiß noch nicht, wie lange!«

Drittens: Partnerschaft ohne Trauschein ist keine »Unzucht«. Auch sie ist eine feste Bindung, die ein gegenseitiges Treueversprechen enthält – und Versprechen dürfen nicht gebrochen werden. Darum sind Festhalten und Verlassen in einer Partnerschaft von gleichem Ernst und Gewicht und auch mit gleichen Leiden verbunden wie in einer Ehe.

Viertens: Die Ehe ist weder ein Gefängnis, in dem sich zwei Menschen lebenslang gegenseitig bewachen, noch ein Freigehege, in dem jeder den anderen seine eigenen Wege gehen läßt, auch keine Leistungsgesellschaft, in der einer den anderen mit seiner Liebe zu übertrumpfen trachtet. Vielmehr sollte die Ehe einem Garten gleichen, den es zugleich sorgsam zu pflegen und frei wachsen zu lassen gilt. Darum sollen die Eheleute sich um ihrer Ehe willen sowohl füreinander Zeit nehmen als auch sich gegenseitig Freiheit gönnen.

Fünftens: Durch die höhere Wertung der seelisch-körperlichen Liebe erhält der Ehebruch heute einen neuen Stellenwert. Nicht mehr nur die sexuelle Untreue steht einseitig im Vordergrund; mindestens gleich schwer wiegen heute auch Liebesverletzungen geistig-seelischer Art, wie denn überhaupt in einer ehelichen Gemeinschaft das eine vom anderen nicht zu trennen ist.

Jeder Ehebruch bedeutet in jedem Fall den Bruch eines Versprechens. Nur wenn beide Eheleute sich dies nicht leichtfertig, laisser faire, laisser aller, durchgehen lassen, sondern es ernst, das heißt eben, »verbindlich« nehmen, gibt es für ihre Ehe die Möglichkeit einer Heilung. Es kommt darauf an, wie sie mit einer geschehenen Schuld umgehen, ob sie sie sich vergeben oder auf ihr beharren. Sicher hängt die Zukunft der Ehe zunächst am Verzeihen des betrogenen Partners; aber beide müssen neu miteinander anfangen, wenn sie wieder eine gemeinsame Zukunft haben wollen. Manchmal hält ja eine einmal gebrochene Ehe – wie ein Glas, das einen Sprung hat – um so länger. Aber auf keinen Fall ist der Ehebruch ein Heilmittel gegen eine leergeschlafene Ehe.

Sechstens: Jedes Scheitern einer Ehe bedeutet ein Unglück. Entsprechend ist eine Ehescheidung kein kriminelles Vergehen, wohl aber das geringere unter zwei Übeln, in keinem Fall ohne Schmerzen für Leib und Seele. Die Scheidung muß auf dem Hintergrund der grundsätzlichen Unauflöslichkeit der Ehe die Ausnahme von der Regel bleiben. Nachdem die beiden Eheleute die Verbindlichkeit ihres Eheversprechens nicht durchzuhalten vermochten, sollten sie wenigstens ihre Scheidung »verbindlich« vollziehen, in der Solidarität ihrer gemeinsamen Schuld, darum sich nicht herausreden und gegenseitig verleumden, sondern ihr Versagen eingestehen, auch nicht nur auf den eigenen Vorteil bedacht sein, sondern sich ehrlich gegenseitig freigeben und das Los der Kinder höher achten als das eigene.

Eine solche verbindliche Ehescheidung erlaubt nicht nur die Wiedertrauung Geschiedener, sie läßt sie sogar theologisch gerechtfertigt und seelsorgerlich angeraten erscheinen. Wer hier dem Kirchenrecht den Vorzug vor dem Liebesgebot gibt, sollte sich an die Worte Jesu erinnern: »Wer ohne Sünde ist, der werfe den ersten Stein« und »Der Sabbat ist um des Menschen willen da und nicht der Mensch um des Sabbats willen«.

Siebtens: Es bekommt der Dauer einer Ehe, wenn die Eheleute durch eine gesunde Resignation gehen und erkennen, daß auch die Ehe nicht das wiedergekommene Paradies ist, sondern höchstens einen Blick durch das Loch im Zaun in den Garten Eden gewährt. Allzu hohe Erwartungen tun einer Ehe nicht gut. Auch hier bedarf es, wie stets und überall, der Entmythologisierung menschlicher Träume und Utopien. Die Ehe ist nicht der Himmel auf Erden, wohl aber ein vorzügliches Übungsgelände für Glauben, Hoffen und Lieben.

Angesichts so vieler Ratschläge mag es manchen trösten, daß die Ehe nur eine irdische Gabe Gottes ist und darum mit dem Tode endet. Und vielleicht wird er sich dann dankbar des Wortes Jesu erinnern: »Die Kinder dieser Welt freien und lassen sich freien. In der Auferstehung aber werden sie weder freien noch sich freien lassen; denn sie werden den Engeln gleich und Gottes Kinder sein.« (Matthäus 22,30; Lukas 20,34ff.)

Das Achte (siebte) Gebot: Du sollst nicht stehlen

Das Achte Gebot handelt nicht, wie die christliche Katechismustradition jahrhundertelang angenommen hat, vom Schutz des Eigentums, sondern vom Verbot des Menschenraubs. Die hebräische Bibel selbst kommentiert das Gebot in diesem Sinn: »Wer einen Menschen raubt, sei es, daß er ihn verkauft, sei es, daß man ihn bei ihm findet, der soll des Todes sterben.« (2. Mose 21,16; 5. Mose 24,7) Entsprechend heißt es im Talmud: »Wenn die Schrift lehrt: Raube nicht, so ist dies eine Warnung an den, der ein menschliches Wesen rauben will.«

Mit dieser Deutung reiht sich das Achte Gebot auch sinnvoller in den Dekalog ein: Auf Mord und Ehebruch folgt jetzt der Raub der Freiheit. Angesichts der Befreiung Israels aus der Sklaverei in Ägypten lag es nahe, durch ein Gebot den Schutz der Freiheit zu garantieren. Das Verbot des Diebstahls hätte an dieser Stelle eine Überbewertung des Eigentums bedeutet; es folgt erst im Zehnten Gebot.

Nicht, daß im Achten Gebot vom Eigentum überhaupt nicht die Rede wäre! Freiheit und Eigentum gehören eng zusammen. Eigentum verbürgt Freiheit und macht selbstbewußt. In seinem Eigentum drückt sich das Wesen eines Menschen aus. Was einer »ist«, hängt auch von dem ab, was er »hat«. Der doppelte Sinn des Wortes »Vermögen« verrät es; es bezeichnet beides: was ein Mensch besitzt und was er dadurch vermag, zum Beispiel dies oder das tun, essen und trinken, sich kleiden und reisen, eine Wohnung mieten oder ein eigenes Haus bauen, auch anderen helfen und ihnen eine Freude bereiten.

Aber nun hängt, was ein Mensch vermag, nicht allein vom Umfang seines Vermögens ab; die Größe des Besitzes bestimmt noch nicht den Grad der Freiheit. Damit kommt die andere Seite der Beziehung zwischen Freiheit und Eigentum in Sicht.

Zwar verhilft das Eigentum dem Menschen zur Freiheit – aber gerade sein Eigentum kann ihn auch in Unfreiheit stürzen. Es treibt ihn in den Wahn, mit Hilfe des Eigentums sein Leben sichern zu können, darum über immer mehr Güter der Erde verfügen zu wollen und sie auf diese Weise seinen Mitmenschen vorzuenthalten. Wer sein Leben auf seine »Habe« gründet, baut es auf das Vergängliche und fällt damit selbst der Vergänglichkeit anheim. »Die sich halten an das Nichtige, verlassen ihre Gnade.« (Jona 2,9)

So bestimmt das Achte Gebot das Verhältnis zwischen Eigentum und Freiheit in zweierlei Richtung: Es warnt davor, die eigene Freiheit zu verlieren, indem man sich an sein Eigentum klammert – und dem Mitmenschen seine Freiheit zu rauben, indem man ihm mit dem Eigentum auch seine Freiheit nimmt.

Wer sich Menschen aneignet, enteignet sie zur Ware und macht sie sich verfügbar: Geiselnahme, Kidnapping, Kinderarbeit, Zwangsrekrutierung von Arbeitern und Soldaten, Mädchenhandel für die Prostitution, Asylverweigerung, Entführung in Schweigelager – das alles ist Raub an der Freiheit von Menschen.

Daß es wahre Freiheit auch ohne Eigentum geben kann, darf man nur sich selbst sagen, aber nicht anderen zumuten. Ihnen muß man vielmehr durch Schaffung von Eigentum zur Freiheit zu verhelfen trachten.

Der Diebstahl von Eigentum fängt mit den angeblich harmlosen Alltagsdiebereien an. Es gibt heute eine allgemeine

Gleichgültigkeit gegenüber scheinbar anonymem Eigentum: Schwarzfahren in Bus und Bahn, Steuererklärungen und Spesenabrechnungen frisieren, auf Geschäftskosten privat telefonieren, krankfeiern, Material vom Arbeitsplatz mitnehmen, öffentliches Eigentum ruinieren und nicht zuletzt anderen kostbare Lebenszeit stehlen. Die vielen kleinen Sünden ergeben ein großes »Viel« – zum Schaden der Gesellschaft. Man nennt dies »Mangel an Unrechtsbewußtsein«; die Moral ist unter das juristische Existenzminimum gesunken.

Die großen Diebe machen es den kleinen vor – nicht erst heute. Schon Martin Luther klagte vor mehr als 450 Jahren: »Wenn man die Welt jetzt durch alle Stände ansieht, so ist sie nichts anderes denn ein großer, weiter Stall voll großer Diebe ... Hier wäre noch zu schweigen von geringen, einzelnen Dieben, wenn man die großen, gewaltigen sollt' angreifen, mit welchen Herren und Fürsten Gesellschaft machen, die nicht eine Stadt oder zwei, sondern ganz Deutschland täglich ausstehlen ... Kurz, so geht' s in der Welt, daß, wer öffentlich stehlen und rauben kann, gehet sicher und frei dahin, von jedermann ungestraft, und will dazu geehret sein. Derweil müssen die kleinen, heimlichen Diebe, die sich einmal vergriffen haben, Schuld und Schande tragen, jene aber fromm machen und zu Ehren bringen. Doch sollen sie wissen, daß sie vor Gott die großen Diebe sind.« Man braucht in diesem Text nur einige Wörter und Titel auszutauschen, und man hat die politische Landschaft unserer Tage vor Augen.

Auch in der Geschichte des Christentums sind Freiheitsraub und Eigentumserwerb Hand in Hand gegangen. Zum Beispiel: Man kaufte für Glasperlen oder andere europäische Billigwaren in Afrika Sklaven, transportierte diese auf engstem Laderaum nach Mittel- und Südamerika, verkaufte sie dort an die Plantagen- und Minenbesitzer, kaufte von ihnen für den Erlös Rohstoffe, Nahrungsmittel und Mineralien und verkaufte diese wiederum in Europa. Das bedeutete einen dreifachen Profit auf Kosten der Negersklaven, und die christlichen Missionare verdienten auch noch mit daran, indem an sie eine Taufsteuer zu entrichten war.

Heute hat der Freiheitsraub durch Diebstahl von Eigentum globales, fast kosmisches Ausmaß angenommen.

Der Hunger in der Welt beruht auf Raub. Wenn die entwickelten Länder des Nordens auf Kosten der Entwicklungsländer des Südens leben – die wenigen auf Kosten der vielen –, wenn die Entwicklungsländer dadurch in eine immer tiefere Verschuldung geraten und so der Abstand zwischen den reichen und den armen Ländern ständig wächst – dann bedeutet dies weltweiten Diebstahl.

Und wenn wir die Umwelt zerstören und die Ressourcen verbrauchen, dann begehen wir gleichfalls Raub an den kommenden Generationen. Denn die Erde ist ein der Menschheit anvertrautes Fideikommiß, das von einer Generation an die nächste ungeschmälert weiterzureichen ist, damit auch künftig Menschen auf unserem Planeten ein lebenswertes Leben haben.

Schon lange bevor Entwicklungshilfe und Umweltschutz zu anerkannten Aufgaben der Politik wurden, hat Karl Marx erklärt: »Keine Gesellschaft, nicht einmal alle gleichzeitigen zusammengenommen, sind Eigentümer dieser Erde. Sie sind nur ihre Nutznießer und haben sie als gute Haushalter an nachfolgende Generationen zu überlassen.« Vielleicht hat die heute lebende Generation schon aufgezehrt, was erst für ihre Kinder und Enkel bestimmt war.

Eigentum ist kein Diebstahl, aber es ist auch nicht heilig. Und Gott ist in jedem Fall ein Anwalt der Armen, die kein Eigentum haben. Darum bleibt Geben nach wie vor seliger als Nehmen.

Das Neunte (achte) Gebot: Du sollst nicht falsch Zeugnis reden

»Du sollst nicht falsch Zeugnis reden wider deinen Nächsten.«

Nichts scheint den Menschen so sehr von allen Kreaturen zu unterscheiden wie, daß er Sprache hat. Darin beweist sich, daß er zu Gottes Ebenbild geschaffen ist – als seine Ent-sprechung. Und so vollzieht sich die Begegnung in dem Dreieck zwischen Gott, Mensch und Mitmensch als Sprache. Die Sprache ist »das Haus des Seins«. Was immer einem Menschen widerfährt, das faßt er ins Wort. Und selbst wenn er darüber nur nachdenkt, so tut er es in Worten.

Das Wort hat eine große Macht. Ein einziges Wort kann aufrichten und erniedrigen, heilen und kränken, ehren und schmähen, freisprechen und verurteilen, ja über Tod und Leben gebieten. Daß wir mit der Macht des Wortes verantwortlich umgehen, uns und dem Nächsten zugut und nicht zum Schaden, das ist der Sinn des Neunten Gebots. Es will uns helfen, unsere Sprache zu heilen, so daß, was wir sagen, für unseren Nächsten zu einem heilsamen Wort wird, das zwischen uns Vertrauen stiftet.

Ursprünglich geht es im Neunten Gebot um die Wahrhaftigkeit des Zeugnisses vor Gericht. Längst aber hat es sich zum allgemeinen Wahrheitsgebot erweitert. Dabei ist die prozessuale Ursprungssituation beispielhaft geblieben für die menschliche Existenz insgesamt. Vor Gericht stehen – richten und gerichtet werden – ist eine Grundsituation allen menschlichen Lebens.

Zwar steht der Richterstuhl Gottes für die meisten Menschen heute leer – dafür aber leben wir vom Morgen bis zum Abend und manchmal sogar noch vom Abend bis zum Morgen vor lauter Richterstühlen, auf denen Menschen sitzen. Wir fühlen uns angewiesen auf das Urteil der anderen und sehnen uns danach, daß es gut sein möchte und wir angenommen werden, und wir fürchten uns davor, daß es schlecht ausfallen könnte und wir verworfen werden. Denn wir können von unseren Nächsten wohl wegsehen, aber wir können von ihnen nicht absehen; wir können die anderen wohl meiden, aber wir können sie nicht vermeiden – und so geraten wir ins Lügen und Belogen-Werden.

Aus dem Gebot »Du sollst nicht falsch Zeugnis reden wider deinen Nächsten« ergibt sich für unseren Umgang mit dem Wort der Grundsatz, daß wir zwar am öffentlichen Streit um die Wahrheit teilnehmen sollen, uns aber an keinerlei Rufmord beteiligen.

Entfalten wir diesen Grundsatz nach seinen zwei Seiten, so bedeutet er für unser Reden und Schweigen:
– daß wir weder gedankenlos daherreden noch beredt schweigen sollen;
– daß wir uns nicht, gar unter dem Deckmantel der Verantwortung und dem Siegel der Verschwiegenheit, an Klatsch und Tratsch beteiligen, auch nicht am sogenannten »christlichen Küstenklatsch«;
– daß wir das Gute gut und das Böse böse nennen, aber das Böse mit Gutem zu überwinden trachten;
– daß wir das Versprechen der Vertraulichkeit streng einhalten, auch wenn uns die Verschwiegenheit drückt wie ein Bleigewicht, das wir am liebsten von uns würfen;
– daß wir uns nicht auf Kosten oder zu Lasten eines anderen durch eine Lüge aus einer Verlegenheit zu befreien trachten;

- daß wir um des Erfolges willen keinen Etikettenschwindel treiben noch Mogelpackungen an den Mann zu bringen versuchen;
- daß wir, statt einen Gegner ein für allemal mit Worten zu erledigen, mit ihm auch künftig im Wettstreit um die Wahrheit verbunden bleiben;
- daß wir zwar Urteile fällen und uns auch Vorurteile leisten, dies aber deutlich wissen lassen und jederzeit zu Korrektur und Revision bereit sind.

Zur Wiederherstellung der Ehre eines anderen mit dem Wort bedarf es mindestens soviel Zivilcourage wie in vergangenen Zeiten des Schneids zur angeblichen Wiederherstellung der eigenen Ehre mit der Waffe.

Das Neunte Gebot betrifft in besonderer Weise alle, die von Berufs wegen mit dem Wort zu tun haben – Journalisten, Reporter, PR-Leute, Schriftsteller, Publizisten und Prediger.

Information muß sein, Hintergrundmaterial soll auch sein, Tendenz darf ebenfalls sein, was aber auf keinen Fall sein darf, ist jene »Journaille«, die die Wahrheit in Propaganda verkehrt; die Privates lüstern ausgräbt, um den Gegner hinzurichten; die Forschungsergebnissen um der Sensation willen vorgreift und die Vertrauliches, das noch auf dem Wege ist, um der Priorität willen verrät – kurzum, jenes tagtäglich veranstaltete öffentliche Tribunal, das aufzuklären vorgibt, in Wahrheit jedoch nur bloßstellen will.

Von diesem Tribunal verurteilt, hat schon mancher nach dem Jüngsten Gericht gerufen und mit König David gesprochen: »Es ist mir sehr angst, aber laß uns in die Hand Gottes fallen, denn seine Barmherzigkeit ist groß, ich will nicht in der Menschen Hand fallen.« (2. Samuelis 24,14)

Für die Zeitungsleser aber heißt es dann, daß sie lügnerische Zeitungen wie die Pest meiden sollen, statt sich von ihnen »ins Bild« setzen zu lassen.

Die Losung »Wahrheit um jeden Preis!« ist ebenso verderblich wie jene andere: »Es geschehe die Gerechtigkeit, wenn auch die Erde darüber zugrunde geht!« Die Wahrheit muß mit der Liebe einhergehen. Das gilt ebenso für die Wahrheit am Krankenbett wie in der Politik. Hier wie dort kommt es darauf an, *wie* die Wahrheit gesagt wird. In der Politik kann es sogar, wenn auch selten genug, Ausnahmesituationen geben, wo die Wahrheit für kurze Zeit nicht außer Kraft gesetzt, wohl aber verschwiegen werden muß, weil sie sonst, statt zu heilen, Unheil anrichtete. Aber über jedes Moratorium der Wahrheit muß hinterher Rechenschaft abgelegt werden, ob es nicht doch nur eine taktische Lüge zum eigenen Vorteil war. Und Lügner haben auch in der Politik kurze Beine, manchmal freilich eine erstaunlich lange Karriere.

Wie ernst es einem Zeugen mit der Wahrheit ist, erweist sich am Ende daran, ob er sich nur mit dem Mund beziehungsweise der Feder zu ihr bekennt oder sich auch mit seiner Person für sie einzusetzen bereit ist. Die Liste der Märtyrer für die Wahrheit ist lang, und nicht alle stehen im Heiligenkalender: Jesus, Sokrates und Gandhi, Giordano Bruno, Seneca und Thomas Morus, Jan Hus, Thomas Müntzer und Salvador Allende, Graf Stauffenberg, Dietrich Bonhoeffer und Pater Delp, Rosa Luxemburg, Elisabeth Käsemann und Jeanne d'Arc ... Über ihrer aller Leben steht das Wort Jesu: »Die Wahrheit wird euch freimachen.« Die Liste ist nach vorne offen.

Das Zehnte (neunte und zehnte) Gebot: Du sollst nicht begehren

»Du sollst nicht begehren deines Nächsten Haus, Weib, Knecht, Magd, Rind, Esel noch alles, was sein ist.«

Mit dem Zehnten Gebot mündet der Dekalog in die alltägliche Lebens- und Arbeitswelt, aber es scheint nicht die unsere zu sein. Haus, Frau, Gesinde und Vieh unterschiedslos als Besitz des Mannes aufgezählt, das deutet auf eine vergangene agrarisch-patriarchalische Gesellschaftsstruktur und eine entsprechende Eigentumsordnung hin. Aber mag es auch nicht mehr die gleiche Kulturstufe sein, so ist es doch immer noch dieselbe Lebenswirklichkeit und in ihr nach wie vor der gleiche Mensch mit seinem unstillbaren Lebensdrang.

Wer schon den natürlichen Lebenstrieb des Menschen als Sünde verdächtigt, verleumdet damit seine eigene Lebendigkeit. Böse wird der Lebenstrieb erst, wenn er sich in Begierde verkehrt und der Mensch dann in den Lebensraum des anderen eindringt und ihn für sich haben will. Weil aber Leben sich nur entfalten kann, indem es anderes Leben verdrängt, ist die Grenze hier schwer zu bestimmen. Darum gilt es, doppelt wachsam zu sein.

Wie immer wir das Begehren nennen, ob Neid, Geiz oder Unersättlichkeit, ob Selbstsucht, Eifersucht oder Ruhmsucht – es ist stets dieselbe impulsive Gebärde der »Habsucht«: Das will ich haben – ob ein Kind nach dem Spielzeug des anderen greift, eine Frau ihrer Freundin den Mann ausspannt oder ein Greis dem Jüngling die Jugend neidet.

Das Haben-Wollen macht die Unruhe in der Geschichte der menschlichen Gesellschaft aus, im Kleinen wie im Großen: in der rücksichtslosen Selbstverwirklichung des Einzelnen ebenso wie im ohnmächtigen Aufbegehren der Habenichtse und im ruinösen Machtkampf der Giganten.

Damit schwindet der zeitliche Abstand zwischen der sozialen Umwelt des Zehnten Gebots und unserer heutigen Arbeits- und Lebenswelt. Die Gegenstände des Begehrens lassen sich leicht austauschen: Statt Hausstand Firma, statt Knecht Geschäftsführer, statt Magd Verkäuferin, statt Akker Fabrik, statt Rind Maschine, statt Esel Auto – unverändert aber nach wie vor die Frau des anderen. Wir haben jeder unsere eigene Wunschliste und entsprechend unsere private »Theodizee«: Warum bin ich nicht so begabt wie mein Bruder – so erfolgreich wie mein Freund – so wohlhabend wie mein Nachbar – so liebenswürdig wie meine Frau – so souverän wie mein Chef – so charmant wie – so gesund wie – so glücklich wie ...

Während wir in den Lebensraum des anderen eindringen und sein Eigentum begehren, schützen wir das unsere zugleich durch Zäune, Gitter, Mauern, Stacheldraht und Alarmanlagen und schließen Versicherungen ab gegen Diebstahl und Einbruch. Und dies alles – Begehren des Fremden und Sichern des Eigenen – immer neu entfacht und in Gang gehalten durch die Werbung, die mit ihren Lockungen das Geschäft des Haben-Wollens betreibt.

Alles in allem geht es im Zehnten Gebot um das »Ensemble der Verhältnisse« und unser Verhältnis zu ihnen. Und es gebietet uns, nicht zuerst die Verhältnisse, sondern uns selbst in unserem Verhalten zu den Verhältnissen zu ändern. Dazu aber bedarf es der Befreiung unserer Herzen aus dem Sklavenhaus des Neides und der Habsucht.

So lenkt auch das letzte Gebot, wie alle anderen, zum ersten zurück, zu der Zusage: »Ich bin dein Gott, der dich aus dem Sklavenhaus in Ägypten herausgeführt hat.« Dies ist das Evangelium im Dekalog. In ihm geschieht nicht weniger, als daß Gott selbst sich dem Menschen verspricht. Wer sich darauf verläßt, der kann sich loslassen und gelassen leben. Statt sein Leben ängstlich mit geschlossenen Händen festzuhalten und dann ständig Angst zu haben, im Vergleich zu anderen zu kurz zu kommen, empfängt er es mit offenen Händen als ein Geschenk aus Gottes Hand. Und darum kann er dem anderen sein Leben gönnen und das eigene annehmen.

Sich selbst annehmen heißt:

- ja zu sich sagen, obwohl man so ist, wie man ist und wie man selbst eigentlich gar nicht sein möchte;
- morgens vor dem Spiegel sich nicht hassen, sondern mögen, trotz des unsympathischen Gesichts, das einem wieder entgegenblickt;
- seine Körpergestalt und Anlagen ertragen und von dem Bild Abschied nehmen, das man sich von sich selbst gemacht hat;
- die Richtung und Grenzen seiner Begabung erkennen und nichts Unmögliches von sich verlangen;
- in das Altern einstimmen und sich damit auf den Auszug aus dem Kreis der Lebenden vorbereiten.

Aus dem Vertrauen auf Gott wächst das Vertrauen zu sich selbst. Wer sich von Gott angenommen weiß, kann sich selbst auch annehmen und mit dem Grafen Zinzendorf sprechen: »Um mich habe ich mich ausbekümmert.« Wer sich aber um sich selbst ausbekümmert hat, der braucht sich nicht ständig um seine Selbstverwirklichung zu kümmern, sondern kann sich um die anderen und ihren Raum zum Leben sorgen.

Das Vaterunser

Der Grund des Lebens –
Worauf wir vertrauen

Matthäus 6,9–13

Jesu Credo

Das Vaterunser bildet die Summe der christlichen Religion. In seinen sieben Bitten enthält es alles, was die Christen glauben – mehr bedarf es nicht. »Breviarium totius evangelii« hat der Kirchenvater Tertullian das Gebet deshalb genannt – ein Brevier, das das ganze Evangelium Jesu in sich schließt.

Zu Recht ist das Vaterunser daher zum gemeinsamen Gebet der Christenheit geworden. Seit bald zweitausend Jahren wird es von allen Christen auf dem Erdkreis tagtäglich gebetet – und es ist, als hörte man beim eigenen Beten die Stimmen der Beter aus vergangenen Tagen mit, der Apostel und Märtyrer, der Alten und Jungen, der Feiernden und Trauernden, der Sieger und Verlierer – wo immer sie gebetet haben, in der Familie oder im Gefängnis, am Altar oder am Schafott.

Zugleich umfaßt das Vaterunser die Welt in ihrer ganzen Weite, das Größte und das Kleinste in ihr, alles, was zwischen Geburt und Grab lebenswichtig ist – und dies nicht nur als Hintergrund, sondern als die eigene Umwelt des Beters: seine Welt, in der es an Brot mangelt, die voller Versuchungen ist, in der das Böse überhandzunehmen droht, die sich nach Erlösung sehnt.

Weil es das Evangelium Jesu im Kern in sich birgt und zugleich die ganze Welt umfaßt – um dieser gleichzeitigen Dichte und Weite willen taugt das Vaterunser wie kein anderes biblisches Dokument als zeitgenössisches Bekenntnis der Christenheit: ein Glaubensbekenntnis in Gebetsform, das nicht über den Glauben spricht, sondern in dem sich der Glaube selbst ausspricht, womit das Christentum sich zugleich als eine Religion des Gebets ausweist.

Jede Religion hat ihr Eigenes, Eigentliches und entsprechend eine charakteristische Form, in der sich dies Eigene, Eigentliche ausdrückt. In der iranischen Religion ist es der Hymnus, im Buddhismus die Meditation, im Islam das Bekenntnis oder der Kampfruf, im Judentum sind es die Zehn Gebote und der Psalter – und im Christentum ist es eben ein Gebet: das Vaterunser. Im fälligen Dialog des Christentums mit den anderen Weltreligionen könnte es daher als Leitfaden dienen.

Das Vaterunser stammt von Jesus. Im Lukasevangelium wird berichtet, Jesus habe es seine Jünger gelehrt, als diese ihn fragten, wie sie als seine Jünger beten sollten. Er hat ihnen den Text gewiß nicht Wort für Wort diktiert, wird die Worte auch nicht nur dieses eine Mal gesprochen haben, sondern verschiedene Male und in unterschiedlichem Wortlaut. Kein Wunder darum, daß das Vaterunser auch im Neuen Testament in zwei voneinander abweichenden Fassungen überliefert wird, bei Lukas (11,1–4) kürzer und ursprünglicher, bei Matthäus (6,9–13) länger und feierlicher, im Inhalt jedoch übereinstimmend. Den ersten Christen kam es auf Jesu Wort an, nicht auf seine Wörter.

Durch das Vaterunser geht der Blick hindurch auf Jesus selbst, auf seine Botschaft und Person. An den sieben Bitten läßt sich ablesen, wie Jesus Gott erfahren und seine Sendung verstanden hat.

Jesus kommt im Vaterunser nicht namentlich vor – kein Wort über ihn selbst, über seine Würde und sein Wirken, auch kein Wort über die Kirche. Das Vaterunser ist ganz und gar theozentrisch. Nur von Gott ist in ihm die Rede – in dem Dreieck: Gott – Welt – Mensch. Damit weist es in die allerfrüheste Zeit des Christentums, in seinen jesuanischen Anfang.

Aber gerade indem das Vaterunser so konzentriert von Gott spricht, ist Jesus in ihm verborgen gegenwärtig. Denn eben die Konzentration auf Gott entspricht der Grundverfassung seiner Existenz und bildet die treibende Kraft seiner Verkündigung. Jesus hat nicht sich selbst gepredigt. Er ist nicht an seiner Selbstverwirklichung, sondern an Gottes Wirklich- und Wirksamwerden interessiert. Gott in der Welt zur Sprache zu bringen, ist sein Beruf, Glauben in den Menschen zu wecken sein Ziel. Was Glaube an Gott heißt, wird an ihm selbst offenbar. In seinem Verkündigen und Verhalten hat er sein persönliches Gottesverhältnis ausgelebt. Das Vaterunser enthält die Quintessenz seiner Gotteserfahrung – es ist Jesu eigenes Credo.

Was in den Evangelien zerstreut und unterschiedlich überliefert wird, findet sich im Vaterunser noch zum Ganzen vereint. Hier sprudelt die einheitliche Quelle der Überlieferungsströme, die später in verschiedene Richtungen geflossen sind. Jesus selbst hat seine Erfahrung der unmittelbaren Nähe Gottes vornehmlich in zwei religiösen Symbolen ausgedrückt: Er nennt Gott »Vater« und spricht zugleich vom »Reich Gottes«. Später sind diese beiden Symbole auseinandergeraten, von den Auslegern auch bisweilen mutwillig gegeneinandergestellt worden. Im Vaterunser stehen sie ranggleich beieinander und drücken, jedes in seiner Art, Jesu Gotteserfahrung aus. In ihr haben sie ihre ursprüngliche Einheit und gemeinsame Mitte.

So blicken wir durch das Vaterunser hindurch auf Jesu Botschaft und Person. Er selbst, sein Glauben und Verkündigen, ist der unableitbare Quellgrund allen christlichen Redens von Gott, sein Credo der Kern in jedem kirchlichen Glaubensbekenntnis.

Jesu persönlicher Umgang mit Gott spiegelt sich in seinem eigenen Beten wider. Sein ganzes Wirken ist davon durchwirkt. Die Zwiesprache mit Gott im Gebet ist der Ort der Offenbarung Gottes in Jesu Leben.

Vor dem Beginn seiner öffentlichen Wirksamkeit zieht Jesus sich in die Einsamkeit der Wüste zurück, um sich im ungestörten Gegenüber zu Gott auf seine Berufung vorzubereiten und sich über seinen Weg klarzuwerden. Später läßt er seine Jünger immer wieder zurück und verbringt die Nacht allein auf einem Berg im Gebet, oder er steht früh vor Tagesanbruch auf, um wiederum ungestört zu beten. Im Garten Gethsemane ringt er am Ende voll Angst vor dem Sterben um die Einung seines Willens mit dem Willen Gottes und wirft sich schließlich am Kreuz mit einem lauten Gebetsschrei in Gottes Arme.

Daß Jesus gebetet hat, ist wichtig; es bringt ihn uns nahe. Denn wer es nötig hat zu beten, ist wie wir kein Eigenmächtiger, sondern ein Angewiesener. Und so zeigt das Vaterunser »als Gebet, was Christus als Mensch ist« (Simone Weil).

Mit dem Vaterunser will Jesus nicht nur ein bestimmtes Gebet empfehlen, sondern das Beten überhaupt lehren. Wie es keine Gemeinschaft ohne Gespräch gibt, so auch keine Gemeinschaft mit Gott ohne Gebet. Hört das Gespräch auf, zerbricht die Gemeinschaft. Ein Glaube ohne Gebet ist wie eine Ehe ohne Gespräch – stumme Ehen sind tote Ehen. Wer zu beten aufhört, hört auch zu glauben auf. Eine Zeitlang mag er noch, statt zu Gott, über Gott reden, auf die Dauer aber geht auch dies zu Ende.

Wer betet, läßt sich auf Gott ein. Im Gebet faßt der Mensch seine Existenz zusammen und spricht sie in ihrer Vielfalt – bittend, klagend, zweifelnd, fluchend, dankend, lobend – vor Gott aus. Auf diese Weise arbeitet er zusammen mit Gott sein Leben durch und gewinnt Klarheit über sich und die Welt: wer er selbst und wie die Welt in Wahrheit sind. Er lernt zwischen dem Notwendigen und dem nur Nützlichen zu unterscheiden – und daß es zuletzt nicht darauf ankommt, was er Gott zu sagen hat, sondern daß Gott für ihn das Sagen hat. Im Gebet kommt Gott zur Sprache. Da nimmt der Beter die Welt als Schöpfung Gottes wahr und sich selbst als Gottes Ebenbild. Ich bete – also bin ich.

Alles Reden über Gott gründet darum im Reden zu Gott; alles Nachdenken über Gott ist ein Hindenken zu ihm. Der Vokativ bildet die Grundform der Theologie: Die Zwiesprache des Herzens mit Gott gibt dem Kopf zu denken.

Ein Leitfaden für richtiges Beten will das Vaterunser sein, kein festes Formular. Es entspricht der Forderung Jesu, beim Beten keine überflüssigen Worte zu machen, sondern gleich zur Sache zu kommen. »Euer Vater weiß, was ihr braucht, noch ehe ihr ihn bittet.« Weniger Worte als Jesus im Vaterunser kann man kaum machen. Es ist ein Vorbild knappen, sachlichen Betens.

Unser Vater im Himmel

Nicht zufällig ist das Vaterunser als ganzes nach seiner Anrede benannt. Denn die Anrede enthält in der Tat schon das Ganze. Daß Gott unser Vater ist – das gilt es im christlichen Glauben wahrzunehmen und wahrzumachen.

»Vater« ist einer der ältesten Archetypen menschheitlicher Erfahrung; es ist zugleich ein religiöses Urwort. In vielen Religionen auf dem ganzen Erdkreis werden Götter als Väter angeredet und verehrt. Durch Jesus aus Nazareth ist dieses Urwort der Religionsgeschichte zum Urdatum des Christentums geworden. In seinem unmittelbaren Umgang mit Gott hat er in einer einzigartigen, bis dahin so nicht gekannten Weise Gott als Vater erfahren – es ist das Herzstück seiner Gotteserkenntnis. Darum hat man ihn später den »Sohn« genannt.

Für Jesus selbst hat seine Gotteserfahrung ihren charakteristischen Ausdruck in der unbefangenen Anrede Gottes als »Abba« gefunden – es ist die Anrede des Vaterunsers. Das aramäische Wort »Abba« stammt nicht aus der üppigen Kultsprache des Tempels oder der Synagoge, sondern weist in die schlichte Alltagssphäre des Hauses und der Familie. Es heißt übersetzt »lieber Vater« oder sogar »Papa«. Am besten sagen wir einfach »Vater«.

Inniger, ja zärtlicher läßt sich die Erfahrung der Nähe Gottes nicht beschreiben: Gott ist den Menschen so zugewandt und nahe wie im Hause der Vater dem Sohn und der Tochter mit seiner Fürsorge, Obhut und Belehrung. Vor jeder Verniedlichung oder Verkitschung des Vaternamens ist jedoch zu warnen. Der Beter redet Gott wohl vertrauensvoll mit Du an, aber er duzt ihn nicht plump wie irgendeinen Kumpan.

Mit dem Vater-Namen für Gott wird das Gottesverhältnis des Menschen entscheidend als Vertrauen bestimmt.

Vertrauen ist Ausdruck der Erfahrung eines umfassenden Welt- und Lebenssinns. In erster Linie ist es keine Leistung, sondern ein Widerfahrnis. Es entsteht nicht dadurch, daß wir auf etwas wirken, sondern daß etwas auf uns wirkt; es wird durch die Begegnung mit einem Gegenüber in uns hervorgerufen.

Vertrauen setzt mithin immer ein Doppeltes voraus: einmal, daß es seinen Grund außerhalb unser selbst hat, zum anderen, daß dieser außerhalb unser selbst liegende Grund sich zu uns in Beziehung setzt. Damit weist das Vertrauen auf eine Wirklichkeit hin, die vom Menschen unterschieden ist, die anders ist als er, die er jedoch zu erfahren und wahrzunehmen imstande ist. Der Mensch ist fähig, den Grund des Ganzen, der in ihm Vertrauen erweckt, zu reflektieren. Sicher geht solches Reflektieren nicht ohne Projektionen ab, aber es ist nie nur eine Projektion. Immer vollzieht sich in unseren Projektionen auch eine Reflexion des Grundes selbst.

»Gott« ist das Wort für den universalen Grund, dessen Erfahrung im Menschen Vertrauen hervorruft. Wo immer die Bibel von »Gottvertrauen« spricht, meint sie diesen außerhalb des Menschen liegenden Grund des Ganzen. Jesus aus Nazareth deutet den Grund der Welt als Liebe und redet ihn entsprechend mit »Vater« an. Das besagt, daß der Grund allen Seins – trotz allem, was in unseren Augen tagtäglich dagegen steht – zutiefst nicht gnadenlos, sondern gnädig ist und darum guter Grund zum Vertrauen besteht.

Wo aber gibt es in unserer »vaterlosen Gesellschaft« noch Väterlichkeit, die zum Ebenbild für Gottes Vaterschaft taugte? Wann hat es sie überhaupt je gegeben? Vor jedem unmittelbaren Rückschluß »von unten nach oben« warnt im Vaterunser das Wort »Himmel«: unser Vater – im Himmel.

»Himmel« hat wie »Vater« archetypischen Charakter und kommt gleichfalls in vielen Religionen vor. Das Wort steht als Symbol für Heiligkeit und Transzendenz. Es beharrt auf Unterscheidung und Distanz, verheißt aber zugleich Leben und Freude in Fülle und erweckt so ineins das Gefühl von Sehnsucht und Scheu.

Einst war »Himmel« mit der Vorstellung von einer jenseitigen Überwelt verbunden: der Himmel als Gottes Wohnsitz oben, die Erde als Wohnort der Menschen unten. Die Umwälzung des Weltbildes in der Neuzeit aber hat auch für die christliche Theologie eine kopernikanische Wende mit sich gebracht und die Ortsangabe in eine Wesensbestimmung verwandelt: der Himmel wurde gleichsam »geerdet«. Fortan ist Gott nicht mehr dort, wo über uns der Himmel ist, sondern Himmel ist überall dort, wo Gott ist – und Gott ist überall und nirgends, das heißt, er ist überall zu orten, nirgends aber zu lokalisieren. Daher gilt für alle menschenförmige Rede von Gott die Dialektik von Verneinung und Übersteigung: Gott ist nicht wie – Gott ist mehr als.

Auf Jesu Rede von Gott als Vater angewandt, bedeutet »Himmel« die Abwehr von drei möglichen Mißverständnissen – vom Verdacht des Patriarchalismus, des Sexismus und des Infantilismus. In allen drei Fällen wird die Transzendenz Gottes gewahrt.

Wie Gott kein hochgerechneter Mensch ist, so ist er auch kein erhöhter Vater.

Wenn Jesus Gott »Vater« nennt, überträgt er damit nicht

das allgemeine menschliche Vater-Kind-Verhältnis auf Gott, sondern drückt nur, was er im eigenen Umgang mit Gott erfahren hat, im Bilde seiner patriarchalischen Umwelt aus. Was er über Gott als Vater sagt, übersteigt alle irdische Vaterschaft, überhaupt alle menschliche Art: So handelt kein Vater, aber auch keine Mutter auf Erden!

Darum warnt Jesus vor jeder Gleichstellung. Er sagt nicht etwa: Schaut euch die Eltern auf Erden an, dann wißt ihr, wer und wie Gott ist! Vielmehr sagt er: »Wenn schon ihr, die ihr doch böse seid, dennoch euren Kindern gute Gaben geben könnt, wieviel mehr dann euer Vater im Himmel!« (Matthäus 7,11) Und schließlich ganz radikal, jede vulgärchristliche Analogie streng abweisend: »Ihr sollt niemanden unter euch ›Vater‹ nennen auf Erden, denn nur einer ist euer Vater: der im Himmel ist.« (Matthäus 23,9)

Das ist gegen jeden theokratischen Kurzschluß gesagt. Damit wird der Übertragung einer idealistisch übersteigerten menschlichen Vaterschaft auf Gott jäh der Boden entzogen. Welche gesellschaftskritische Kraft hätte von solcher Verkündigung Gottes als Vater ausgehen können, statt alle möglichen und unmöglichen menschlichen Ansprüche auf gottväterliche Autorität, als da sind Familien-, Landes-, Kirchen- und sogar Heilige Väter, zu begründen und ihre Institutionen zu befestigen!

Mann und Frau oder Vater und Mutter sind Bilder für Gott, die sein Wesen beschreiben, nicht aber sein Geschlecht bestimmen. Sie deuten zuletzt auf eine und dieselbe Wirklichkeit hin. Wer stellte sich denn auch, wenn er Gott mit »Vater« oder »Mutter« anredet, dabei einen Mann oder eine Frau vor?

In der Bibel überwiegen zwar die männlichen Attribute Gottes die weiblichen, immerhin aber ist auch von Gottes Mütterlichkeit die Rede – in Bildern, die sich aus den Erfahrungen der Mutter-Kind-Beziehung nähren, etwa wenn es von Gott heißt: »Ich will euch trösten, wie einen seine Mutter tröstet« (Jesaja 66,13), oder wenn Gott fragt: »Kann auch ein Weib ihres Kindleins vergessen, daß sie sich nicht erbarme über den Sohn ihres Leibes?« (Jesaja 49,15)

Dies gilt es neu ins Bewußtsein zu heben. Dann gehen Mann und Frau oder Vater und Mutter als Bilder für Gott sehr wohl zusammen – etwa so:

Der uns geschaffen hat wie ein Vater,
Der uns hegt wie eine Mutter,
Der für uns sorgt wie Vater und Mutter.

Indem Jesus seine Jüngerinnen und Jünger das Vaterunser beten lehrt, ermächtigt er sie, gleich ihm zu Gott »Vater« zu sagen, und gibt ihnen damit Anteil an seiner eigenen Gottesbeziehung. Was zwischen Jesus und Gott im Glauben vorgeht, setzt sich als Glaubensbewegung unter den Menschen fort. Er ist der »Erstgeborene unter vielen Geschwistern« (Römer 8,29).

Wie in einem Kaminfeuer das erste Holzscheit, wenn es entzündet ist, die anderen Scheite mit seiner Glut ansteckt, geradeso entzündet Jesu Geist die Herzen von Menschen, so daß sein Glaube und seine Liebe in ihnen weiterbrennen. Und so sind sie Söhne und Töchter Gottes; sind sie aber Söhne und Töchter Gottes, so sind sie untereinander Geschwister. Darum die Anrede: *Unser* Vater im Himmel.

Damit fällt von selbst alles Infantile ab, das der Vorstellung von der Gotteskindschaft des Menschen so leicht anhaftet. Die Vokabel »Kindschaft« reicht nicht aus, um das von Jesus erschlossene Gottesverhältnis zu beschreiben. Sie legt den Akzent zu einseitig auf die bloße kindliche Ergebenheit in das väterliche Walten Gottes und macht nicht deutlich genug, daß es sich – bei allem vorbehaltlosen Vertrauen

– um ein mündiges Gottesverhältnis handelt. Wer zu Gott »Vater« sagt, ruft nicht kindlich einen Urahn an, duckt sich auch nicht ängstlich und schutzsuchend unter ein allmächtiges Über-Ich, sondern spricht mit Gott vertrauensvoll und verantwortlich wie ein Sohn oder eine Tochter mit ihrem Vater über sich selbst und die Welt. Das Vaterunser ist das Gebet von verantwortungsbewußten, gleichberechtigten Söhnen und Töchtern.

Unser Vater im Himmel – das umschließt alles, was von Gott überhaupt an Gutem gesagt werden kann. Es bedeutet nicht nur, daß er als Schöpfer und Erhalter der Welt für den täglichen Lebensunterhalt des Menschen Sorge trägt, sondern weist gleichzeitig über die Gegenwart hinweg auf noch Ausstehendes, Zukünftiges hin. Jesu Zusage, daß Gott Vater sein will und die Menschen nicht mehr Knechte, sondern Söhne und Töchter Gottes heißen sollen, beansprucht, die Erfüllung alles dessen zu sein, was Menschen je von Gott geglaubt und für die Menschheit erhofft haben. Damit gerät der »Vater«-Name für Gott in die nächste Nähe zum Symbol des »Reiches Gottes«.

Daß der allmächtige Gott, der Himmel und Erde geschaffen hat, der in der Natur waltet und in der Geschichte wirkt, jedem Menschen so nahe sein soll wie ein Vater seinen Kindern, das kann ein Mensch im Anblick der Welt und in Hinsicht auf sich selbst nur glauben, indem er wider allen Augenschein auf Jesu Wort hin glaubt. Zu solchem Glauben will Jesus den Menschen Mut machen. Wo dies gelingt, ist seine Verkündigung ans Ziel gelangt. Denn der Glaube an Gott ist ihr einziger Inhalt.

Nirgendwo sonst in der Religionsgeschichte ist der ganze Inhalt einer Religion so sehr auf den Glauben konzentriert und wird der Glaube wiederum so radikal als Vertrauen identifiziert wie im Christentum. Nicht zufällig heißen die

Christen im Neuen Testament, bevor noch der Name »Christen« für sie aufkommt, ganz einfach und ohne jeden Zusatz »die Glaubenden«. Auch das Vaterunser wurde in der Alten Kirche das »Gebet der Glaubenden« genannt und in der Liturgie mit der Formel eingeleitet: »Wir wagen es, zu Gott zu sagen: Unser Vater.«

Dein Name werde geheiligt

Die sieben Bitten des Vaterunsers sind im Grunde nur die Entfaltung seiner Anrede. In jeder von ihnen bittet der Beter um ein und dasselbe: daß Gott sich auch ihm in der Welt als Vater erweisen möchte.

In den ersten drei Bitten geht es um die Gottwerdung Gottes, in den folgenden vier um die Menschwerdung des Menschen. Was beide Reihen zusammenhält, ist Jesu Offenbarung der Menschlichkeit Gottes.

Dein Name werde geheiligt – Dein Reich komme – Dein Wille geschehe, wie im Himmel, so auf Erden: Alle drei Bitten sind wie ein Notschrei, durchpulst von dem einen Verlangen, daß Gott sich offenbaren und auch nach außen in der Welt werden möchte, was er in sich selbst und im Herzen des Beters ist. Sie halten sich nicht bei dem Zweifel auf, ob es Gott gibt, sondern machen von Gott Gebrauch, als ob es ihn gibt – als wollten sie Gott dazu verhelfen, daß es ihn gibt: Sei Gott! Bleib Gott! Erweise dich der Welt als Gott!

Nachdem Gott die Not des Menschen zu seiner Sache gemacht hat, macht der Beter jetzt sozusagen Gottes Not zu der seinen und übernimmt so Mitverantwortung für den Lebenslauf Gottes in der Weltgeschichte.

Daß das Vaterunser mit der Bitte um die Heiligung des Namens Gottes beginnt und mit dem Lobpreis seiner Göttlichkeit schließt, ist bedeutungsvoll. Es verrät, daß Gott dem Beter um seiner selbst willen – jenseits allen eigenen

Nutzens und Zwecks – wichtig ist. Wenn es um das geht, was das Leben zuletzt hält und trägt, verliert alles bloß Nützliche und Zweckmäßige ohnehin sehr rasch an Wert.

Gottes Name ist die Geschichte seiner Offenbarungen in der Welt – sie spiegeln sich in der »Religionsgeschichte« wider.

Gott ist nicht unbekannt im himmlischen Droben geblieben, sondern hat seinen Namen auf Erden bekannt gemacht. Einer der Offenbarer, durch die Gott sich einen Namen gemacht hat, ist Jesus aus Nazareth, für die Christenheit der letzte und endgültige: »Nachdem Gott vorzeiten vielfach und auf vielerlei Weise zu den Vätern geredet hat durch die Propheten, hat er in diesen letzten Tagen zu uns geredet durch den Sohn.« (Hebräer 1,1f.)

Jesus hat Gottes innerstes Geheimnis als Liebe erkannt und ihn daher »Vater« genannt. Nomen est omen – der Name identifiziert die Person. Gott ist mithin kein Fluidum, das im Kosmos zerfließt, kein Schicksal, das blind zuschlägt, auch nicht jenes höhere Wesen, das wir verehren, sondern er trägt einen Namen. Und sein Name ist nicht Schall und Rauch; man kann ihn anrufen und mit ihm sprechen. Der Beter redet nicht ins Blaue hinein. Das Nichts ist für ihn keine Leere, sondern birgt Gottes Geheimnis.

Wenn Jesus Gottes innerstes Leben als Liebe offenbart und ihn darum als »Vater« anredet, dann heißt Gottes Namen heiligen: dem Vater vertrauen und die Geschwister lieben. Darum:

- sich auf Gottes Nähe einlassen und den Nächsten darüber nicht vergessen;
- das eigene Leben auf sich nehmen und dem Mitmenschen zu seinem Leben verhelfen;
- den Schöpfer preisen und die Schöpfung bewahren;
- aus der Unrast des Tages sich zu Gott wenden und den empfangenen Frieden weitergeben.

Im Gegenzug dazu wird Gottes Name überall dort entheiligt, wo man sich zwar auf ihn beruft, ihn aber manipuliert, das heißt »handhabt«:

- wo man Gott zum Handlanger seiner egoistischen Wünsche erniedrigt;
- wo man Gott als Lückenbüßer an den Grenzen der Wissenschaft oder als Problemlöser in den Zwängen der Politik ansiedelt;
- wo man Gott als Zugpferd vor die eigenen Ideen, Ideale und Ideologien spannt;
- wo man Gott als Hüter der Ordnung und als Herrn der Heerscharen anruft;
- kurzum, wo man bewußt oder unbewußt sein eigenes Suppentöpfchen auf dem Feuer des göttlichen Altars mitkocht.

Die erste Bitte des Vaterunsers ruft Gott zur Hilfe gegen jede Art von Götzendienst. Sie bedeutet deshalb einen Protest gegen jeden Versuch, irgend etwas Bedingtes für unbedingt zu erklären, irgendein Endliches ins Unendliche zu erheben, sei es eine Staatsform, eine Weltanschauung, ein Gesellschaftssystem, eine Klasse, aber auch eine Hierarchie, eine Kirche, eine Konfession, ein Dogma oder selbst die Bibel. Gottes heiliger Name widerstreitet allen von Menschen geheiligten Autoritäten, Überlieferungen, Lehren und Institutionen; er duldet keine heiligen Orte, Personen, Handlungen und Stunden. Niemand darf Gott zum Gegenstand machen und ihn an Raum und Zeit binden.

So bringt die erste Bitte des Vaterunsers die Zweideutigkeit aller Religion ans Licht. Wo immer Menschen Gott aufnehmen, dort tun sie es in religiöser Gestalt: Das ist das Priesterliche in der Religion – es ist unvermeidlich. Aber wo immer Menschen Gott aufnehmen, dort machen sie aus ihm ebenso unvermeidlich einen Götzen. Dagegen steht der prophetische Protest in der Religion – er ist unentbehrlich. Beide Elemente, das priesterliche und das prophetische, liegen im Streit miteinander und sind dennoch aufeinander angewiesen. Ihre ungelöste Spannung bildet das ewige Problem der Religion. Es rührt daher, daß Gott sich unter den Menschen einen Namen gemacht und sich damit ihren Namensgebungen ausgesetzt hat.

Dein Reich komme

»Die Zeit ist erfüllt, das Reich Gottes ist nahe. Kehrt um und glaubt an das Evangelium!« – mit dieser Botschaft ist Jesus aus Nazareth in die Öffentlichkeit getreten. Er hat damit seine Gewißheit der unmittelbaren Nähe Gottes in die Hoffnungssprache seiner Zeit gekleidet. Ob Jesus vom »Vater« spricht oder das Kommen des »Reiches Gottes« ankündigt – beide Schlüsselworte beschreiben übereinstimmend den Kern seiner Gottesverkündigung: die Zusage der Geistesgegenwart Gottes, seiner heilsamen Nähe bei allen Menschen.

Die Bibel ist voll des Redens vom Reich Gottes. Aber nirgendwo wird es definiert und auf den Begriff gebracht. Es wird stets nur in Gleichnissen beschrieben, und diese lassen sich nicht systematisieren. Die einen sprechen vom Reich Gottes, als sei es bereits da, die anderen, als sei es noch im Kommen und breche endgültig erst am Ende der Zeiten herein.

Das Reich Gottes ist nicht so gekommen, wie Jesus und seine Jünger es erwartet hatten. Sie waren in der apokalyptischen Weltsicht ihrer Zeit befangen und haben sich deshalb im Zeitpunkt geirrt. Wir aber können uns ihr apokalyptisches Weltbild ebensowenig aneignen wie etwa das ptolemäische. Was jedoch weiterwirkt in der Geschichte, ist das »Messianische« in der Reich-Gottes-Verkündigung Jesu, der Impuls der von ihm in Gang gesetzten endzeitlichen Glaubens- und Sammlungsbewegung.

Wo immer in den Evangelien vom Reich Gottes die Rede ist, dort wird seine unmittelbare Nähe mit der Gegenwart Jesu begründet. »Ich bin gekommen, ein Feuer auf Erden anzuzünden«, hat er selbst von sich gesagt und voll Bangen hinzugefügt: »– was wollte ich lieber, als es brennte schon.« (Lukas 12,49)

Gleich beim ersten Auftreten in seiner Heimatstadt Nazareth liest Jesus während eines Gottesdienstes in der Synagoge jene Stelle aus dem Propheten Jesaja, die das Kommen des mit dem Geist Gottes gesalbten Heilsbringers der Endzeit ankündigt: »Der Geist des Herrn liegt auf mir, weil er mich gesalbt hat. Er hat mich gesandt, den Armen das Evangelium zu verkündigen, den Gefangenen zu predigen, daß sie frei sein sollen, den Blinden, daß sie sehen sollen, den Zerschlagenen, daß sie erlöst werden sollen – zu verkündigen das Gnadenjahr des Herrn.« (Jesaja 61,1f.) Was hier beschrieben wird, sind die Geistesgaben des Reiches Gottes – und Jesus beginnt seine Predigt darüber mit dem Satz: »Heute ist dies Wort der Schrift erfüllt vor euren Ohren.« (Lukas 4,16ff.)

Das bedeutet: Jesus ist nach dem Verständnis der ersten christlichen Gemeinden der charismatische Heilsbringer der Endzeit – er ist der Urcharismatiker in Person. Sein Charisma ist zugleich die Dynamik des von ihm angesagten Reiches Gottes. Die Wunder, die er tut, sind für ihn ineins Erweise seiner Erfahrung, daß Gott nahe ist, und Signale des kommenden Reiches Gottes. Und so kann Jesus sein gegenwärtiges Wirken und das Kommen des Reiches Gottes zusammenschließen und sagen: »Siehe, das Reich Gottes ist mitten unter euch.« (Matthäus 12,28; Lukas 17,21)

Damit sind von vornherein zwei Mißverständnisse abgewiesen: Das Reich Gottes ist keine jenseitige »Hinterwelt«: weder ein himmlisches Paradies noch nur ein Reich der Innerlichkeit. Es ist aber auch kein religiös überhöhtes Diesseits: weder ein geistiges Reich des Guten, Wahren und

Schönen noch der soziale Fortschritt zur vollkommenen Gesellschaft.

Der Sinn der zweiten Vaterunser-Bitte ist es, das von Jesus verbürgte Reich Gottes in das Hier und Heute zu rufen: »Gottes Reich kommt wohl auch ohne unser Gebet von ihm selbst; aber wir bitten in diesem Gebet, daß es auch zu uns komme.« (Martin Luther)

Das Reich Gottes ist zwar nicht von dieser Welt, aber es kommt in diese Welt. Es ereignet sich überall dort, wo die von Jesus entfachte Glaubens- und Sammlungsbewegung sich fortsetzt, wo die Liebe Gottes und die Liebe zum Nächsten wie in einem Ring ineinanderlaufen.

Entsprechend markiert Jesus eine Trennungslinie, die sich verborgen durch die Menschheit zieht. Auf die eine Seite stellt er, die ihren Mitmenschen zum Leben verhelfen, auf die andere Seite, die ihnen ihre Hilfe versagen. Zu jenen, die Liebe üben und so die ihnen widerfahrene Liebe Gottes weitergeben, spricht Jesus: »Ich bin hungrig gewesen, und ihr habt mir zu essen gegeben. Ich bin durstig gewesen, und ihr habt mir zu trinken gegeben. Ich bin ein Fremder gewesen, und ihr habt mich aufgenommen. Ich bin nackt gewesen, und ihr habt mich gekleidet. Ich bin krank gewesen, und ihr habt mich besucht. Ich bin im Gefängnis gewesen, und ihr seid zu mir gekommen.« Erstaunt fragen die so Angeredeten, wann sie dies alles für Jesus getan hätten – sie sind sich keiner dieser guten Taten bewußt. Darauf gibt Jesus ihnen zur Antwort: »Wahrlich, ich sage euch: Was ihr einem von diesen meinen geringsten Brüdern getan habt, das habt ihr mir getan.« (Matthäus 25,31ff.)

So unansehnlich alle diese Taten sind, nicht mehr als alltägliche Barmherzigkeiten – vor Gott haben sie ewigen Wert. Wer sie vollbringt, steht in der Nachfolge Jesu und hat teil am Reich Gottes, an welchem Ort immer er lebt, in welcher Religion er auch beheimatet ist, selbst wenn er den Namen Jesus gar nicht kennt.

Die zweite Bitte des Vaterunsers ist eine riskante, weil subversive Bitte. »Händefalten im Gebet ist der Anfang des Aufstands gegen die Unordnung der Welt.« (Karl Barth) Wer Gott um das Kommen seines Reiches bittet, beginnt die Verhältnisse zu verändern und die Welt zu verbessern. Aber das Händefalten muß sich fortsetzen im Tun des Gerechten und im Trachten nach dem Frieden. Wenn die Beter nicht auch Gottes Augen, Ohren, Hände und Füße sind, dann hat Gott keine Augen, Ohren, Hände und Füße in der Welt – und die Welt bleibt so, wie sie ist. Niemand hat im Abendland die Welt so verändert wie ausgerechnet die Christen, die auf das Reich Gottes und das Ende der Welt warteten.

Wer sich vom Kommen des Reiches Gottes in Gang setzen läßt, hat sozusagen keine Zeit mehr. Für ihn ist die Frage nach dem endgültigen Zeitpunkt und der äußeren Gestalt des Reiches unwichtig geworden. Er schwärmt nicht in eine ferne Zukunft, sondern tut, was an der Zeit ist. Die christliche Hoffnung macht geistes-gegenwärtig: Gottes Reich ist mitten unter uns – das Endspiel findet heute statt.

Und so machen sich die Christen an die Arbeit, nicht um die Erde in das Reich Gottes zu verwandeln, sondern um den Menschen ein wohnlicheres Haus auf ihr zu bauen. Aber kein noch so vollkommenes irdisches Haus wird die verheißene »Hütte Gottes« bei den Menschen sein. Trotz aller noch zu lösenden und schon gelösten Aufgaben – wir müssen erlöst werden. Die tiefste Kluft zwischen Wollen und Vollbringen bleibt der Tod. Er ist das kräftigste Zeichen dafür, daß die endgültige Vollendung des Reiches Gottes stets ausständig bleibt. Aber wie Gott das erste Wort in der Geschichte hat, so wird er in ihr auch das letzte behalten.

Dein Wille geschehe, wie im Himmel, so auf Erden

Dein Wille geschehe – was aber ist Gottes Wille?
Gott will das Leben: Sein Lebenswille ist seine eigene Lebendigkeit. Aber wenn Gott in allem Leben – in Gesundheit und Krankheit, in Glück und Unglück, in Erfolg und Mißerfolg, in Krieg und Frieden, in Aufbau und Zerstörung und selbst im Tod – gleichermaßen gegenwärtig ist, woran ist dann sein Wille zu erkennen? Darum die »Frage eines Geärgerten: Läßt Gott Hitler *s*einen oder *S*einen Willen tun?« (Theodor Haecker).

Wie man von jemand zu sagen pflegt, er habe in einer ausweglosen Situation das erlösende Wort gesprochen, so hat Jesus aus Nazareth, was Gott und die Welt betrifft, das erlösende Wort gesprochen: Unser Vater im Himmel – es ist der Inbegriff seiner eigenen Gotteserfahrung, der Kristallisationspunkt im widersprüchlichen Einerlei der Welt, das Machtwort der göttlichen Liebe. Gott selbst tritt auf gegen die Entmenschlichung des Menschen, abzulesen an Jesu Eintreten für alle Menschen und weiterzugeben von den Menschen an ihre Mitmenschen.

Damit hat Jesus Gottes scheinbar abstrakten Lebenswillen als »Heilswillen« konkretisiert. Gott ist kein zielloses Schicksal, sein Walten hat ein Ziel: Er will die Welt erhalten und erlösen. Das Geschehen seines Willens ist identisch mit dem Kommen seines Reiches. Es findet »wie im Himmel, so auf Erden« statt.

»Himmel und Erde« ist der Ausdruck für die Einheit und

Ganzheit der Schöpfung: Stets und überall soll Gottes Wille in der Welt geschehen. Zugleich aber drückt sich darin der Gegensatz zwischen der von Gott geschaffenen und der von ihm abgefallenen Welt aus. Gegen diesen Zwiespalt richtet sich die Bitte: »Dein Wille geschehe, wie im Himmel, so auf Erden«, und drängt auf seine Überwindung.

Gottes Wille schließt die Verantwortung des Menschen nicht aus. Wer betet: »Dein Wille geschehe, wie im Himmel, so auf Erden«, stellt sich Gottes lebendigem Willen zur Verfügung und hilft ihn in der Welt durchzusetzen. Dabei geht es in erster Linie nicht um die Erfüllung bestimmter Normen und Gebote, sondern um ein Vertrauensverhältnis, aus dem die Einung mit dem Willen Gottes wie von selbst erwächst und der Mensch spontan Gottes Absicht betreibt. So verrät die dritte Bitte des Vaterunsers Vertrauen und Tatkraft zugleich – damit steht sie im Gegensatz zu jedem heidnischen und christlichen Stoizismus.

Die antike Stoa bildet in der abendländischen Geschichte bis auf diesen Tag die einzige ernsthafte Alternative zum Christentum, die zur Verlockung werden kann. Sie lehrt einen noblen, elitären Schicksalsglauben. Es kommt darauf an, sich gelassen in sein vorbestimmtes Schicksal zu ergeben, denn es ist unentrinnbar. Wer vor ihm flieht, wird von ihm überrollt; wer sich ihm fügt, wird von ihm frei. Das Ziel des Weisen heißt Resignation, der Weg dorthin Entsagung.

Es gibt auch einen christlichen Fatalismus. Nur nennt man das Schicksal dann Gott und fügt sich still und stumm in seinen Willen: »Wie Gott will, ich halt' still« – »Der Mensch denkt, Gott lenkt« – »Lerne leiden, ohne zu klagen« – »Es hat dem Allmächtigen gefallen« ...

Wie aber, wenn gar nicht Gott es war, der gelenkt hat, wenn es dem Allmächtigen, entgegen der christlichen Bestattungsformel, keineswegs gefallen hat, »unseren Bruder

X.« oder »unsere Schwester Y. aus dieser Zeit in die Ewigkeit zu nehmen«, wenn sie nicht nach Gottes Willen, sondern durch menschliche – private, politische oder soziale – Schuld ums Leben gekommen sind: weil ihr Lohn zu gering war, weil die Schutzvorrichtung am Arbeitsplatz nicht ausreichte, weil ein mörderischer Akkord ihre Lebenskraft vorzeitig aufgezehrt hat, weil sie, als sie aus dem Gefängnis kamen, als einziger Freund der Alkohol oder der Zuhälter erwartete?

Da wird das Unglück nur geduldig ertragen und der Status quo mit dem Willen Gottes gleichgesetzt – und die Religion wird in der Tat zum »Opium des Volks«.

Aber es wäre einseitig und darum falsch, wollte man jede fromme Ergebung in Gottes Willen als »Passivität« verdächtigen und umgekehrt jede im Namen Gottes vollbrachte Tat als Erfüllung seines Willens rühmen!

Es gibt endgültige Verhältnisse – wie lebenslange Gefangenschaft, Krankheit und Tod –, in denen einem Menschen nichts bleibt, als stillzuhalten und sich geduldig in Gottes Willen zu ergeben, oder andere, vorübergehende Lebenslagen, in denen gerade aus der frommen Ergebung in Gottes Willen frische Tatkraft wächst. Am ehesten scheinen immer noch diejenigen bereit zu sein, dem Leiden in der Welt zu widerstehen, die in ihrem eigenen Leben Leid erfahren haben, ihm aber nicht ausgewichen sind, sondern es auf sich genommen haben.

Wie oft hat aber auch umgekehrt die Berufung auf Gottes Willen zum Deckmantel selbstsüchtiger Wünsche und handfester Machtinteressen dienen müssen! Gewiß besteht ein Unterschied zwischen dem Aufruf Papst Urbans II. zum Kreuzzug mit seinem Ruf: »Gott will es!« und Adolf Hitlers Berufung auf den Willen des Allmächtigen – aber ob Gott die Kreuzzüge wirklich gewollt hat oder ob er es gern hört, wenn Christen in allen Nationen ihn als »Herrn der Heerscharen« in Anspruch nehmen: »Gott mit uns« – »Forwards, Christian Soldiers!«? Die Menschen sollen gewiß Gottes Willen auf Erden tun, aber mit ihrer Berufung auf Seinen Willen sollten sie vorsichtig sein.

Die sinnfälligste Auslegung der dritten Vaterunser-Bitte hat Jesus selbst gegeben. Sein Gebetskampf in Gethsemane ist für alle Zeiten zu einem Urbild dafür geworden, was es heißt, Gott um die Erfüllung seines Willens zu bitten.

Als die letzte Wegstrecke vor ihm liegt und es endgültig keinen Ausweg mehr gibt, da bangt Jesus um sein Leben, und die Angst vor dem Sterben überfällt ihn. »Meine Seele ist zu Tode betrübt«, gesteht er seinen Jüngern und bittet sie, bei ihm zu bleiben und mit ihm zu wachen. Dann geht er selbst ein paar Schritte weiter, wirft sich auf die Erde und betet: »Abba, mein Vater, dir ist alles möglich. Laß diesen Kelch an mir vorübergehen. Aber nicht, wie ich will, sondern wie du willst.«

So geschieht es dreimal. Dann ist mit Gottes Hilfe der Kampf bestanden. Sich gehorsam in Gottes Willen schmiegend, ist Jesus bereit, den vorbestimmten Weg zu Ende zu gehen. Er bleibt nicht auf den Knien liegen, sondern steht auf, geht zu seinen Jüngern zurück und heißt sie, gleichfalls aufzustehen: »Genug! Die Stunde ist gekommen.«

Jesus kapituliert nicht vor den Verhältnissen, fügt sich auch nicht stoisch in ein unabwendbares Schicksal, sondern gehorcht und entschließt sich zur Tat. Gründend in seinem Vertrauen zu Gott verschlingen sich in seinem Gebet Ergebung und Tatkraft zur Einheit – und so geschieht Gottes Wille, wie im Himmel, so auf Erden.

Das angemessene Verhalten gegenüber dem Willen Gottes läßt sich am besten auf die beiden Begriffe bringen, in die Dietrich Bonhoeffer im Gefängnis sein Nachdenken über das »Schicksal« gefaßt hat: »Widerstand und Ergebung«.

Bonhoeffer schließt seine Reflexionen darüber mit den Sätzen: »Die Grenzen zwischen Widerstand und Ergebung sind prinzipiell nicht zu bestimmen; aber es muß beides da sein und beides mit Entschlossenheit ergriffen werden. Der Glaube fordert dieses bewegliche, lebendige Handeln. Nur so können wir die jeweilige gegenwärtige Situation durchhalten und fruchtbar machen.«

Was Bonhoeffer in seinen Aufzeichnungen während der Haft schreibt, das hat er mit der Tat bewährt. »Widerstand« hieß für ihn Teilnahme an der Verschwörung gegen Hitler, »Ergebung«, Hingabe des eigenen Willens an den Willen Gottes bis in den Tod.

Die prinzipielle Unbestimmbarkeit der Grenze zwischen Widerstand und Ergebung verlangt nach der Geistesgabe der Unterscheidung. Und so führt Bonhoeffers Nachdenken wie von selbst weiter zu dem Gebet Christoph Friedrich Oetingers: »Herr, gib mir die Gelassenheit, Dinge hinzunehmen, die ich nicht ändern kann; den Mut, Dinge zu ändern, die ich ändern kann; und die Weisheit, das eine vom anderen zu unterscheiden.«

Indem die Christenheit in den ersten drei Bitten des Vaterunsers für Gott betet: daß sein Name geheiligt werde, sein Reich komme und sein Wille geschehe, betet sie zugleich gegen alle, auch in ihren eigenen Reihen, die andere Namen über den Namen Gottes stellen, die alle möglichen Bereiche zu ewigen Reichen erklären und die lieber nach eigenem Willen leben möchten. Aber weil die Christen dank Jesus wissen, was sie erwartet, wenn sie auf Gott warten, können sie getrost auch gegen sich selbst beten, denn dann beten sie in jedem Fall für den, der für die Menschen ist. Wenn es nach Gottes Willen geht, geht es den Menschen gut. Gottes Kommen bekommt ihnen. Gottes Heiligkeit heilt sie.

Unser tägliches Brot gib uns heute

Auf die Frage, was ein Mensch braucht, um wahrhaft als ein Mensch zu leben, antworten die Materialisten: Der Mensch braucht Brot, Brot allein – wenn er das hat, ergibt sich alles andere von selbst. Die Idealisten dagegen antworten auf dieselbe Frage: Der Mensch lebt nicht vom Brot allein, wobei ihnen das Brot aber fast zur Quantité négligeable zu werden droht.

Die vierte Bitte des Vaterunsers »Unser tägliches Brot gib uns heute« enthüllt den Streit zwischen Materialisten und Idealisten als einen unechten Gegensatz und hebt ihn in der Vereinigung von Gott und Mensch, dem Grundbekenntnis des Christentums, auf.

Während es in den ersten drei Bitten des Vaterunsers um die Gottwerdung Gottes geht: daß Gott auch nach außen in der Welt werde, was er in sich selbst ist, handeln die nächsten vier von der Menschwerdung des Menschen: daß Gott sich den Menschen als Vater erweisen möchte. Darum folgt auf das dreimalige göttliche »Dein«: dein Name, dein Reich, dein Wille – nunmehr das menschliche »Unser« und »uns«. Und dies beginnt nicht mit den großen geistlichen Themen der menschlichen Existenz, mit der Schuld, der Versuchung und der Erlösung des Menschen, sondern ausgerechnet mit seiner leiblichen Nahrung. »Unser tägliches Brot gib uns heute« heißt nichts anderes als: Gib, daß wir zu essen haben. Irdischer kann es kaum zugehen.

Aber damit findet im Vaterunser keine Kehre vom Jenseits zum Diesseits statt, auch kein Wechsel vom Geist zur Materie, ja nicht einmal der Übergang über eine Schwelle. Auch der »Erfüllungsort« der ersten drei Bitten ist die hiesige Weltwirklichkeit: Gottes Name wird im Alltag geheiligt, sein Reich kommt in diese Welt, und sein Wille geschieht, wie im Himmel, so auf Erden. Das Christentum kennt keinen Dualismus zwischen Himmel und Erde, Leib und Seele, Körper und Geist, Zeit und Ewigkeit. Es huldigt weder einem spirituellen Idealismus noch einem rationalistischen Materialismus. Gottes Schöpfung umfaßt stets beide Seiten. Die Erde ist der Ort der Geistesgegenwart Gottes und Leiblichkeit Anfang und Ende seiner Wege.

Daß die vier Bitten um die Menschwerdung des Menschen mit der Bitte um das tägliche Brot beginnen, verrät, wie realistisch das Menschsein gesehen ist. Zur Wesensbestimmung des Menschen gehört, daß er ein Angewiesener ist, und dies zeigt sich zuallererst darin, daß er essen, trinken und sich kleiden muß. »Brot« ist das Urbild aller Lebensfristung und Daseinsfürsorge. Es ist der krasseste Ausdruck der Kreatürlichkeit des Menschen, das Wahrzeichen seiner schlechthinnigen Abhängigkeit von Gott – der Faden, an dem sein Leben hängt: »So der Herr will und wir leben.« (Jakobus 4,15)

Daß die ökonomisch-materielle Basis menschlichen Daseins – das »Ensemble der Verhältnisse« – zum Gegenstand des Gebets gemacht wird, zeigt, daß die »Lebensmittel« nicht berechenbar in der Hand des Menschen liegen, sondern trotz aller hier notwendigen Berechnung und Planung unverfügbar bleiben. Das ist es, was den Bettler auf der Kirchentreppe und den Manager im Büroturm miteinander verbindet. Der Arme wie der Reiche bleiben ihr Leben lang Angewiesene. Martin Luther hat dies auf dem letzten von ihm hinterlassenen Zettel drastisch so ausgedrückt: »Wir sind Bettler – das ist wahr.«

Das Gebet um das tägliche Brot wird auf zweifache Weise näher bestimmt: Es soll Tag für Tag neu und soll in Gemeinschaft geschehen.

Wie der Bettler sein Leben von einem Tag auf den anderen fristet, geradeso soll auch der Beter sein Brot von Gott nur von heute auf morgen erbitten. Das erinnert an das Manna, das in der Wüste auf das Volk Israel herabregnete und nur für den jeweiligen Tag eingesammelt werden durfte – sonst verdarb es. Entsprechend mahnt Jesus in der Bergpredigt: »Sorgt nicht für morgen, denn der morgige Tag wird für das Seine sorgen. Es ist genug, daß jeder Tag seine eigene Plage habe.« (Matthäus 6,34) Wohlgemerkt, Jesus sagt nicht: Plant nicht, tut nichts, sondern: Glaubt an Gott und vertraut ihm – dann braucht ihr nicht zu sorgen! Er selbst hat auf seinen Wanderungen kreuz und quer durch das Land von der Hand in den Mund gelebt.

Von Tag zu Tag – das bedeutet eine Art Tagelöhnerexistenz. Damit wird der Stellenwert des Brotes bestimmt. Das Brot ist wichtig, lebenswichtig sogar, aber es ist nicht ein und alles. Es muß im Leben da sein, aber wenn es da ist, ist noch nicht alles da, was zum vollen Leben gehört. Angenommen, es wären alle Menschen satt und es gäbe keine Sehnsucht nach Leben mehr, auch keinen Hunger nach Sinn und keinen Durst nach Gerechtigkeit – wäre das noch ein menschliches Leben?

Das Gebet um das tägliche Brot stiftet Solidarität. In Gemeinschaft genossen, schmeckt das Brot besser. Was aber, wenn den anderen das tägliche Brot, um das wir für uns bitten, fehlt? Dann essen wir gestohlenes Brot und werden nur satt, weil andere für uns hungern.

Der Mensch lebt nicht nur vom Brot, er kann am Brot auch sterben. Diese Gefahr droht uns auf der nördlichen Halbkugel der Erde. Es mag zynisch klingen – aber unser Problem ist nicht der Mangel, sondern der Überfluß. Während es in zwei Dritteln der Welt Millionen von Menschen am täglichen Brot gebricht und Tausende Tag für Tag verhungern, sorgen wir uns, wie wir unsere Fleisch-, Butter- und Bücherberge abtragen können, und sprechen von »sündigen«, wenn wir zu viel und zu gut gegessen haben und um unsere schlanke Linie bangen.

Angesichts dieses Zustands wird der Verzicht zur entscheidenden ethischen Kategorie, und die Askese gewinnt neue Bedeutung. Das Wesentliche an der Askese ist nicht der Verzicht auf Lust, sondern die Gesamtausrichtung des Lebens auf ein Ziel und damit die Unterscheidung zwischen dem, was notwendig ist und was nur dem Reiz und dem Genuß dient. Da geht es nach der Weise des Apostels Paulus: »Ich habe gelernt, mir genügen zu lassen, wie's mir auch geht ... Mir ist alles und jedes vertraut: beides, satt sein und hungern, Überfluß haben und Mangel leiden. Ich vermag alles durch den, der mich mächtig macht.« (Philipper 4,11ff.)

»Unser tägliches Brot gib uns heute« heißt: »Brot für die Welt«. Wer heute um das tägliche Brot bittet, steht für das Überleben der Menschheit und den Fortbestand der Erde ein. Der Hunger in der Welt ist von uns hausgemacht; er brauchte nicht zu sein. Damit wird die vierte Vaterunser-Bitte vollends zum Politikum. Eine politische Dimension hat sie schon immer gehabt.

Martin Luther zählte zum täglichen Brot nicht nur »Futter und Decke«, sondern auch »Schutz und Frieden«, »bürgerlich Wesen und friedlich Regiment«. Darum hätte er im Wappen eines frommen Fürsten statt eines Löwen und eines Rautenkranzes lieber ein Brot gesehen, um beide, Obrigkeit und Untertanen, daran zu erinnern, daß es ohne Frieden kein Brot gibt.

Heute gilt dies weltweit. Das Gebet um das tägliche Brot verlangt von der Christenheit gleichzeitig den Einsatz für eine gerechte Weltwirtschaftsordnung. Ohne Gerechtigkeit gibt es kein Brot, ohne Brot keine Freiheit, ohne Gerechtigkeit und Freiheit keinen Frieden in der Welt.

Die Vaterunser-Bitte um das tägliche Brot lenkt den Blick wieder auf Jesus aus Nazareth. In seinem Leben spielt das Brot sowohl als leibliche Realität wie als religiöses Symbol eine solche Rolle, daß man ihn selbst das »Brot des Lebens« genannt hat.

Als der Versucher ihn, noch vor Beginn seiner öffentlichen Wirksamkeit, in der Wüste verführen will, die Steine ringsum in Brot zu verwandeln, da hält Jesus ihm entgegen: »Der Mensch lebt nicht vom Brot allein, sondern von einem jeden Wort, das aus dem Mund Gottes geht.« Später speist er dann selbst Hungernde mit Brot, und diesen erscheint dies wie ein Vorzeichen der messianischen Endzeit. Jesus aber will kein »Brotmessias« sein, der die Menschen dadurch, daß er ihnen Brot und Spiele bietet, unter seine Herrschaft zwingt, sondern er reicht nur wie ein Sohn und Bruder an seine Geschwister weiter, was er selbst von seinem Vater empfangen hat. Entsprechend hält er Mahlzeiten mit jedermann, setzt sich mit den religiös Verachteten und gesellschaftlich Ausgeschlossenen an einen Tisch und bekundet eben damit, daß der Mensch nicht vom Brot allein lebt. Schließlich bricht er am Vorabend seines Todes mit seinen Jüngern noch einmal das Brot beim Abschiedsmahl, woraus später in der Kirche dann das Abendmahl geworden ist.

Im gemeinsamen Mahl verdichtet sich der Kern des Evangeliums Jesu zum Sinnbild: Daß Menschen, die sonst durch vielerlei Schranken – religiöse, moralische, soziale und politische – voneinander getrennt sind, an einem Tisch zusammensitzen und miteinander essen, trinken, beten und erzählen, weist auf den Einen hin, der sie zusammengeführt hat und in ihrer Mitte sitzt – in der Mitmenschlichkeit dieses

Einen aber spiegelt sich die Menschenfreundlichkeit Gottes wider.

Als Gottes Gabe wird das Brot zum »Lebensbrot«: Es stillt den Hunger des Leibes im irdischen Leben und weist hin auf die volle Genüge im ewigen Leben. Beides gehört untrennbar zusammen.

So haben die Materialisten und die Idealisten am Ende beide unrecht. Jeder von ihnen denkt zu einseitig. Die Materialisten vergessen, daß der Mensch mehr ist als das Brot, das er ißt, daß er darum selbst an der gedeckten Tafel einer vollkommenen Gesellschaft verhungern kann. Die Idealisten übersehen, wie das Brot mit der Macht einhergeht, wie sehr die Herrschaft von Menschen über Menschen gerade am Brot hängt und in welche Abhängigkeit ein Mensch geraten kann, indem sein Brotgeber ihm den Brotkorb bald höher, bald niedriger hängt. Die Antwort des Vaterunsers auf die Frage, was ein Mensch braucht, um wahrhaft als ein Mensch zu leben, lautet an beide, an die Materialisten und die Idealisten, gleich: Je mehr Menschen für sich selbst erkennen, daß der Mensch nicht vom Brot allein lebt, desto mehr Menschen werden in der Welt Brot zum Leben haben.

Und vergib uns unsere Schuld, wie auch wir vergeben unsern Schuldigern

Daß auf das Gebet um das tägliche Brot unmittelbar die Bitte um Vergebung der Schuld folgt, verrät eine tiefe Einsicht in die Wirklichkeit der Welt und in das Verhängnis des menschlichen Daseins. Denn wie das gemeinsam genossene Brot Gemeinschaft zwischen den Menschen stiftet, so das vorenthaltene Feindschaft und Haß. Und so führt der Bedarf des täglichen Brots wie von selbst zum Verteilungskampf um das tägliche Brot und verstrickt damit unweigerlich in Schuld. Darum sind die vierte und die fünfte Bitte des Vaterunsers sinnvoll durch ein »und« verbunden: »Unser tägliches Brot gib uns heute – und vergib uns unsere Schuld.«

Wenn das Vaterunser von der Schuld spricht, dann will es, wie die Bibel insgesamt, den Menschen nicht bei seiner Schuld behaften, sondern ihn von ihr befreien. Wer nur von Schuld spricht, lädt dem Menschen eine Last auf; wer aber Vergebung der Schuld verspricht, nimmt ihm die Last und verhilft ihm zum aufrechten Gang.

Die Bitte um das tägliche Brot leuchtet ein – wer aber versteht noch die Bitte um Vergebung der Schuld? Dabei kann das Herz des Menschen ebensowenig ohne Vergebung leben wie sein Leib ohne Brot.

Mag das Wort »Schuld« heute auch keine Valuta haben – wenn andere an uns schuldig werden oder uns etwas schuldig bleiben, merken wir es sofort und melden uns zu

Wort. Als Gläubiger glauben wir an Schuld, als Schuldige leugnen wir sie.

Die Wahrnehmung der eigenen Schuld beginnt mit der Scham. Wer sich schuldig fühlt, spürt, daß sein Leben in Unordnung geraten und er sich selbst entfremdet ist, und er sehnt sich danach, den zerrissenen Lebenszusammenhang wiederherzustellen. Wie aber vermag er das?

Er kann die Folgen seiner Schuld nicht einholen und den angerichteten Schaden nicht wiedergutmachen. Wie will ein Mensch denn, was er einem anderen seit Jahren genommen oder vorenthalten hat, zurückerstatten, wie der Arzt eine falsche Diagnose, die zum Siechtum des Patienten geführt hat, rückgängig machen, wie der Prediger ein leichtfertiges Wort, das längst wie ein Giftkraut aufgegangen ist, zurückholen, wie der Unternehmer einen schuldhaften Bankrott, durch den seine Mitarbeiter arbeitslos geworden sind, wiedergutmachen? Eher kann man Federn, vom Kirchturm geschüttelt, wieder einsammeln.

Und mag es im Einzelfall auch gelingen, die Folgen einzuholen und den Schaden zu beheben – die Schuld wäre damit nicht aufgehoben. Schulden kann man abzahlen, Schuld nicht. Denn die Schuld richtet sich gegen die verletzte Person – und allein von ihrem Freispruch hängt es ab, ob der Schuldige seine Schuld los wird.

Was aber, wenn der andere sich mir versagt, wenn ein Jude, Pole oder Russe mir nicht vergeben will, was mein Volk dem seinen an Unrecht und Leid zugefügt hat, oder wenn der Mensch, an dem ich schuldig geworden bin, nicht mehr lebt und meine Bitte um Vergebung ihn nicht mehr erreicht? Ja, was dann?

Die Verlegenheiten, in die der Schuldige gerät, machen offenbar, daß er durch seine Tat in einen überindividuellen Schuldzusammenhang verstrickt ist, aus dem er sich kraft eigenen Willens nicht befreien kann. Darum stellt der Beter sich hinein in eine Schuldgemeinschaft und bittet gemeinsam mit den anderen Gott: »Vergib uns unsere Schuld.«

Daß die Schuld des Menschen sich gegen Gott richtet, läßt sich ebensowenig beweisen wie, daß es Gott gibt. Auf diesen Zusammenhang weist in der Bibel das Wort »Sünde« hin. Schuld kann auch ohne Bezug auf Gott rein moralisch verstanden werden, Sünde dagegen hat es mit Gott zu tun. Wer nicht an Gott glaubt, weiß nichts von Sünde. Darum ist die Erkenntnis der Sünde nicht das erste, sondern das zweite. Erst im Licht des Glaubens enthüllt die Schuld des Menschen sich als Sünde gegen Gott.

Wir verhalten uns Gott gegenüber wie Gläubiger, als ob er uns etwas schuldig sei. Dabei sind wir seine Schuldner. Wir schulden Gott nicht dies oder das, nicht einzelne Leistungen, sondern uns selbst, unser Leben.

In der Freiheit seiner Liebe hat Gott uns zu seinem Ebenbild geschaffen und als Partner, als seine »Erdenbürger«, gewollt. Damit hat er uns nicht nur das Leben gegeben, sondern sein Vertrauen geschenkt. Aber eben diese persönliche Bindung zwischen Gott und uns zerstören wir durch die Taten unseres Unglaubens – das ist unsere Sünde und Schuld.

Gott aber hebt seinerseits das Zusammensein mit dem Menschen nicht auf, sondern bleibt zur Stelle und stellt die von seiten des Menschen zerstörte Gemeinschaft von seiner Seite wieder her. In der Vergebung der Schuld des Menschen gipfelt das »Urdatum« allen christlichen Glaubens: daß Gott »Vater« sein will und darum der Geber alles Guten ist. Gottes Heilswille ist der Cantus firmus der Bibel und seine Versöhnung mit den Menschen daher das Grundthema des Christentums.

Von Voltaire wird der Satz überliefert: »Gott wird mir vergeben – das ist sein Metier.« Es ist ein gottloses Wort, das die Vergebung Gottes verhöhnt. Man kann es freilich auch zu Gottes Ehre wenden. Dann besagt es: Gottes Wille, Schuld zu vergeben, ist nicht nur eine unter vielen göttlichen Eigenschaften und Möglichkeiten, sondern macht die Mitte seines Wesens aus – wie auch die Schuld des Menschen nicht etwas am Menschen ist, sondern die ganze Person betrifft.

Der jesuanische Hintergrund ist hier ganz dicht. Gottes Vergebung der Schuld, sein Heilswille, bildet das Zentrum des Evangeliums. Um es zu zeigen, müßte man alle vier Evangelien ausschreiben und dabei schon mit der hebräischen Bibel beginnen.

Es ist, als reiße Jesus aus Nazareth den Horizont der Religionsgeschichte auf. Während sonst sichtbar oder unsichtbar ein Priester am Tempeltor steht, nach dem Sichtvermerk im Religionspaß fragt und auf die Erfüllung der Einlaßbedingungen drängt, ladet Jesus alle Menschen vorurteilslos zu Gott ein: »Kommt her zu mir, alle Mühseligen und Beladenen« – »Wer zu mir kommt, den werde ich nicht hinausstoßen.« (Matthäus 11,28; Johannes 6,37) In immer neuen Gleichnissen schildert er, wie Gott – gleich einem Vater, einer Mutter oder einem Hirten – gerade die Verlorenen sucht, ihnen entgegenkommt oder ihnen nachgeht, sie auf jeden Fall durch das Angebot seiner Gnade vor seinem Gericht zu bewahren trachtet.

Jesu Verkündigung der Vergebung Gottes spiegelt sich in seinem Verhalten wider, in seiner grenzenlosen Offenheit gegenüber allen Menschen: Er wagt sich in Kreise, in die sonst kein Frommer geht, kehrt bei Zöllnern und Sündern ein, läßt sich von einer stadtbekannten Prostituierten die Füße salben, stellt sich schützend vor eine Ehebrecherin und stirbt am Ende mit der Bitte auf den Lippen: »Vater, vergib ihnen; denn sie wissen nicht, was sie tun.« (Lukas 23,34)

Durch die Vergebung seiner Schuld geht dem Menschen die Wahrheit über sich auf – und er wird frei. Gerade weil er sich angenommen weiß, wie er ist, bleibt er nicht so, wie er ist, sondern fängt an, sich zu ändern. Die ihm gewährte Gnade des Seindürfens löst den Krampf in seinem Herzen und befreit ihn zu sich selbst.

In der Bitte um Vergebung sind Gott, Mensch und Mitmensch in einem Dreiecksverhältnis zusammengeschlossen. Daher ist Gottes Vergebung eine Durchgangsstraße zum Nächsten. Entsprechend geht die Bitte um Vergebung der eigenen Schuld im Vaterunser alsbald weiter: »– wie auch wir vergeben unsern Schuldigern«.

Diese Entsprechung bedeutet kein Geschäft auf Gegenseitigkeit, auch keinen Vorbehalt und keine Vorbedingung, sondern ist ein Versprechen, wiederum kein nachträgliches, sondern ein gleichzeitiges. Die wechselseitige Vergebung zwischen den Menschen ist nur die selbstverständliche Fortsetzung der Vergebung Gottes, es ist die einheitliche Bewegung einer und derselben Liebe.

Durch Vergebung der Schuld geschieht Versöhnung. Die Schuld ist wie eine Mauer, die sich zwischen zwei Menschen, auch zwischen zwei Gruppen oder Völkern, auftürmt und den Weg in die Zukunft versperrt. Durch die wechselseitige Vergebung der Schuld wird diese Mauer zur Brücke, und es eröffnet sich ein neuer gemeinsamer Weg. Weil Gott in jedem Fall mit ihnen ist, kommen die Menschen, auch wenn sie widereinander sind, aus dem Miteinander nicht heraus – wenn nicht als Freunde, dann als Feinde.

Führe uns nicht in Versuchung

»Führe uns nicht in Versuchung« – das ist ein Angstschrei aus einer wirklichen Not, nicht nur das Bedenken einer möglichen. Wer so betet, überlegt nicht mehr, ob Gott wohl die Menschen versucht, sondern steckt selbst bereits mitten darin. Denn versucht Gott die Menschen nicht, beleidigt der Beter ihn, indem er ihn des Vorsatzes der Versuchung verdächtigt; versucht Gott aber wirklich die Menschen – wie stimmt das dann zu der Anrede »Unser Vater im Himmel«?

Auch in der Bibel wissen die Menschen nicht immer genau, wie sie mit Gott dran sind, von wem die Versuchungen kommen, ob von Gott, vom Teufel oder von den Menschen selbst. Die Geschichten vieler Gottesmänner sind Versuchungsgeschichten, und ihre göttlichen Prüfungen gelten als Stunde der Wahrheit und der Bewährung. Manchmal werden die Versuchungen von den Frommen sogar begrüßt, ja geradezu herbeigewünscht als willkommene Chance, den Glauben zu läutern und zu festigen.

Dann aber wird wieder ausdrücklich versichert, daß Gott niemand versuche, zumindest keinen Menschen über seine Kraft hinaus versuchen lasse. In der doppelten Überlieferung von der Volkszählung König Davids heißt es sogar das eine Mal, daß Gott in seinem Zorn den König gereizt habe, das Volk zu zählen, das andere Mal, es sei der Satan gewesen. In jedem Fall reden die Menschen in der Bibel von den Versuchungen nicht wie Blinde von der Farbe. Es sind ihre eigenen Gotteserfahrungen, die sich darin niedergeschlagen haben – das macht die Bibel zeitnah und menschlich.

Stets sind es konkrete Anlässe, die einen Menschen in Versuchung führen – alles, was ihm weh tut oder ihn lockt: sexuelle Lust, aber auch fromme Askese, Reichtum, aber auch Armut, Arbeit, aber auch Muße, Einsamkeit, aber auch Kameradschaft, Ehrgeiz, aber auch Stumpfsinn. Nichts, was dem Menschen nicht zur Versuchung geraten könnte: Mitmenschen, Dinge, Stimmen, Apparate, Strukturen und Systeme. Er lebt in einem »Teufelskreis«.

Ausgespannt zwischen Himmel und Erde, ist der Mensch von seinem Ursprung her ein labiles Wesen. Er leidet an der Endlichkeit der Welt, an der Begrenztheit seines Lebens, an allem Unvollkommenen und scheinbar Sinnlosen, und er strebt danach, das Vorhandene zu übersteigen, dem Absoluten zu begegnen und im Endlichen des Unendlichen habhaft zu werden. Sein Verlangen nach elementarer Sinnlichkeit und seine Sehnsucht nach dem Absoluten, ja nach der Liebe Gottes stammen aus einem und demselben Grund. Sie sind der Ausdruck seiner Geschöpflichkeit: daß er im Grenzbereich des Ewigen, Wand an Wand mit Gott lebt – ein endliches Geschöpf des unendlichen Gottes. Und das ist es, was ihn unruhig und versuchlich macht.

In der Versuchung steht die Freiheit des Menschen auf dem Spiel. Was immer schmerzt oder lockt, stets erscheint die Versuchung als ein Ruf in die Weite, als die Aussicht auf eine Mehrung des Lebens, als das Versprechen eines größeren Glücks, kurzum als die Verheißung einer Annäherung an das Absolute und Vollkommene – und stets erweisen alle Lockungen sich als ein leerer Wahn. Statt in Freiheit und Weite zu gelangen, gerät der Mensch in Abhängigkeit und Knechtschaft.

Mit Moral und Vernunft allein läßt sich keine Versuchung bestehen. Wo immer die Freiheit des Menschen auf dem Spiel steht, ist seine Bindung in Frage gestellt: worin er seinen Grund und Halt im Leben hat. Der Beter des Vaterunsers nimmt in der Anfechtung seine Zuflucht zu Gott und wirft sich ihm in die Arme: »Führe uns nicht in Versuchung!«

Wie von selbst geht der Blick durch die Bitte des Vaterunsers hindurch auf Jesu Geschick.

Jesus ist nicht unangefochten durch das Leben gegangen. Gleich einem Schatten begleiten die Versuchungen ihn auf seinem Weg. Immer wieder heißt es: Bist du Gottes Sohn, so sprich, daß diese Steine Brot werden – so laß dich von der Zinne des Tempels herab – so bewahre Gott dich vor dem Leiden – so hilf dir selbst und steig vom Kreuz herunter. Was die Evangelien von Jesus erzählen, hat der Hebräerbrief in den knappen Satz gefaßt: »Er hat, obwohl er Gottes Sohn war, an dem, was er litt, Gehorsam gelernt« – und daraus die Lehre gezogen: »Weil er selbst gelitten hat und versucht worden ist, kann er denen helfen, die versucht werden.« (Hebräer 4,15; 5,7; 2,18) So kann Jesu Geschick Menschen in ihren Versuchungen zum Leitbild werden.

Jesu Vorbild zeigt, daß die Versuchung das Gottesverhältnis des Menschen betrifft. Zwar treten die einzelnen Versuchungen von außen heran – Dinge locken, Menschen spotten, Situationen ängstigen, Tod droht –, aber sie treffen den Menschen in seinem Innersten. Sie irritieren ihn in seinem Glauben. Gott scheint sich vor ihm zu verbergen, ja gegen ihn zu stellen; seine Zusagen und Gebote gelten auf einmal nicht mehr. Und da droht ihm der Grund und Halt seines Lebens wegzubrechen. Dies ist der Augenblick der Bitte: »Führe uns nicht in Versuchung.«

Mit ihr greift der Beter durch das Dunkel der Gottverlassenheit hindurch nach Gott: Damit die Versuchung nicht überhandnehme und sich nicht bis zu jenem Punkt steigere, von dem aus es keine Rückkehr mehr gibt und die zeitliche Anfechtung zum endgültigen Abfall wird.

So besteht die Überwindung der Versuchung in dem Paradox, daß der Glaube sich in der Gottverlassenheit auf Gott zu verlassen wagt – wie Jesus es am Kreuz getan hat, als er zu beten begann: »Mein Gott, mein Gott, warum hast du mich verlassen...«

Versucht Gott nun die Menschen, oder tut er es nicht? Man wird nicht sagen können, daß der Gott, den Jesus seinen »Vater im Himmel« nennt, Menschen vorsätzlich in Versuchung führt, um ihren Glauben auf die Probe zu stellen und sie nach bestandenem Glaubensexamen gleichsam in die nächsthöhere Klasse zu versetzen. Das ist eine ganz und gar unvorstellbare Gottesvorstellung. Gott hat gewiß viele Namen, aber er kann niemals der Versucher heißen. Der Versucher ist in der Bibel immer der andere – Gottes Gegenspieler, der Menschenfeind.

Aber das wird man sagen müssen, daß Gottes Wirken in der Welt, in der Natur und der Geschichte, zumal im eigenen Leben, einem Menschen zur Anfechtung werden kann, so daß ihm Gott ausbleibt und er nicht mehr weiß, ob er es mit Gott oder einem Teufel zu tun hat. Und das sind dann wirkliche Versuchungen, in denen der angefochtene Glaube nur noch Gott bitten kann: »Führe uns nicht in Versuchung.«

Aber es besteht keinerlei Ursache und Grund, Gott ausdrücklich um Glaubensprüfungen zu bitten, nach dem Wort: »Was mich nicht umbringt, macht mich stark.« (Friedrich Nietzsche) Dies wäre ein nimmersatter Überglaube. Wir sind auf allen Seiten, von vorn und hinten, von oben und unten, von links und rechts, von so vielen Versuchungen umgeben, daß wir sie nicht besonders zu suchen oder gar um sie zu bitten brauchen. Wir sollen Gott nicht um kräftige Versuchungen zwecks Erprobung unseres Glaubens bitten, wohl aber, daß er uns die reichlich vorhandenen Versuchungen erkennen und bestehen lassen möchte.

Gewiß kann eine bestandene Versuchung zur Läuterung und Reifung des Glaubens führen. Auch von Jesus heißt es, er habe durch Leiden Gehorsam »gelernt« – und im Wesen eines Lernprozesses liegt es, daß man durch ihn etwas gewinnt, was man zuvor noch nicht besessen hat. Aber deshalb sind Versuchungen noch nicht zu preisen oder gar absichtlich herbeizuwünschen.

Im mittelalterlichen »Altvaterbuch« steht ein weiser Rat, den Martin Luther gern zitiert hat: »Lieber Bruder, daß die Vögel in der Luft dir über dem Haupte fliegen, kannst du nicht verwehren; du kannst aber wohl verwehren, daß sie dir in den Haaren ein Nest machen.«

Dazu können Menschen einander helfen, indem sie sich gegenseitig in der Einsamkeit der Versuchung beistehen. Das Wort eines Menschen, zu einem anderen Menschen gesprochen, kann diesem zu einem Gotteswort werden, das ihn gewiß macht, Gott selbst habe sich ihm aufs neue versprochen.

Zu Unrecht hängt der Vaterunser-Bitte »Führe uns nicht in Versuchung« eine dunkle Schwere an. Sie will Menschen nicht in Angst versetzen und in die Enge treiben, sondern will sie gerade von der Angst befreien und das Leben weit machen. Deshalb sollen wir nicht darüber grübeln, ob Gott die Menschen versucht, sondern sollen uns sagen lassen, daß er sie in ihren Versuchungen bewahren will. Eben darum sollen wir Gott bitten, und wir dürfen ihn angesichts der letzten Versuchung in unserem Leben sogar um einen »sanften Tod« bitten.

Erlöse uns von dem Bösen

Die letzte Bitte des Vaterunsers ist wie ein Schrei von der Erde zum Himmel – es ist ein Schrei der Verzweiflung und der Hoffnung und darum ein menschlicher, ein menschenwürdiger Schrei.

Gälte es, zwei äußerste Gegensätze in der Welt zu benennen, so ließe sich kaum ein radikaleres Gegensatzpaar denken als »böse« und »erlösen«. Das Wort »böse« schließt alles in sich, was uns bedrängt, »Erlösung« alles, was uns befreit, wonach wir uns sehnen.

Die Frage, ob in der Vaterunser-Bitte »der Böse« oder »das Böse« gemeint ist, braucht uns nicht lange aufzuhalten. Grammatikalisch läßt es sich nicht entscheiden, theologisch aber macht es keinen Unterschied. »Der Böse« als Person kommt in der Bibel auf vielerlei Weise vor, zentriert in der Gestalt des Teufels. Der Teufel als Person ist eine mythologische Vorstellung; durch ihre Entmythologisierung aber kommt das Böse nicht abhanden, sondern erweist sich erst recht als eine geschichtliche Wirklichkeit und rückt uns näher auf den Leib als zuvor der sogenannte »Leibhaftige«. Den Bösen sind wir los, das Böse bleibt – es hat keinen Herrn.

Böse ist alles, was den Menschen erniedrigt, knechtet, verleugnet und verachtet, mit einem Wort, was ihn entmenschlicht und Gottes Ebenbild in ihm entstellt. Es richtet sich ineins gegen Gott und den Menschen, gegen den Schöpfer und seine Schöpfung; es ist Gottes Widersacher und des Menschen Feind. Für das Vorhandensein des Bösen in der

Welt gibt es keine Rechtfertigung. Es ist weder die Schattenseite des Lichts noch »ein Teil von jener Kraft, die stets das Böse will und stets das Gute schafft«. Das Böse hat keinerlei positive Funktion. Daß es uns das Gute im Gegenwurf erkennen läßt, macht es selbst noch nicht gut.

Wenn es sich auch nicht in einer Person manifestiert, so ist das Böse dennoch eine überindividuelle Macht, die ihre eigene Dynamik erzeugt. Es gibt so etwas wie ein »Reich des Bösen«, das sich in wechselnden Gestalten – in Personen, Strukturen, Systemen, Konstellationen – immer neu »verkörpert«. Faschismus, Nationalsozialismus, Kommunismus, Kapitalismus, Militarismus, Rassismus sind solche »Verkörperungen« des Bösen – sei es von ihrem Ursprung her, sei es durch Neigung und Entartung.

So schafft das Böse sich eine »Umwelt«, deren Sog Menschen in sich hineinzieht, zuerst vielleicht nur als Opfer, bald aber als Mitläufer und schließlich als Täter. Es gibt Konstellationen, die eine geschichtliche Situation so total bestimmen, daß es kein Entkommen aus ihnen zu geben scheint, es sei denn durch die Aufopferung des eigenen Lebens. Aber das Böse überlebt seine Täter und seine Opfer. Es setzt sich fest und pflanzt sich fort in Institutionen, Traditionen, Ideologien, Gewohnheiten, Zwängen und Lastern.

Auf das Ausmaß gesehen, hat das Böse heute Saison. Es ist attraktiv geworden. Man kann es betrachten – die Medien bringen es unter die Leute. Aber es besteht ein Mißverhältnis zwischen Darstellung und Wirkung, zwischen der Ansicht des Bösen und der Einsicht in sein Wesen. Je drastischer das Böse dargeboten wird, desto mehr verliert es an Eindruck und verflüchtigt sich sein Ernst. Einst, zum Beginn der neuzeitlichen Aufklärung, sprach man vom »radikal Bösen«; heute reden wir nur vom »sogenannten Bösen«, als hätten wir es in den Griff bekommen, als wäre es nur noch eine Sache des Vokabulars.

Wer den Druck des Bösen nicht empfindet und sich nicht nach Erlösung sehnt, dem kann man die Macht des Bösen nicht demonstrieren und die Sehnsucht nach Erlösung nicht einreden. Aber welcher Mensch sehnte sich nicht? Wer seufzte nicht? Wer wüßte denn aus und ein? Unverstellt betrachtet, erscheint die Menschheit als eine Schicksals- und Schuldgemeinschaft, und alle Zeitgenossen sind Leidensgenossen.

Natürlich sehnen sich nicht alle Menschen – theologisch korrekt – nach Erlösung durch Gott. Der Kranke will wieder gesund werden, der Hungrige zu essen haben, der Einsame neu einem Menschen begegnen, der Schuldige vielleicht nur die Folgen seiner Schuld loswerden und der Gefangene nach Haus zu seiner Familie oder auch nur in die Arme irgendeiner Frau. Doch selbst wenn ihrer aller Sehnsucht gestillt würde – der Kranke wieder gesund, der Hungrige satt, der Einsame nicht mehr allein, der Schuldige von seinem Schuldgefühl los und der Gefangene frei und zu Haus –, der Lebensdurst ist nie endgültig gestillt. Das Verlangen nach Hilfe und Trost, nach Rettung und Befreiung kommt nie zum Schweigen – als hätten wir irgendwann einmal ein derartiges Versprechen erhalten und warten nun darauf, ja suchen und jagen danach, daß es sich erfülle.

Es gibt so etwas wie ein Urbedürfnis der Menschheit nach Erlösung, die Erwartung einer Notwende – »Warten auf Godot«, auch wenn jemand nicht weiß, daß es in Wahrheit Gott ist, wenn er auf Godot wartet. Davon zeugen nicht bloß Kirchenlieder, sondern auch Schlager, nicht nur die religiöse Propaganda, sondern auch die Konsumreklame. Selbst der Kampf gegen eine Religion wird stets im Namen einer anderen, angeblich besseren Heilslehre geführt. Und wenn Gott nicht mehr der Retter ist, dann sucht der Mensch sich eben selbst zu retten, indem er durch Umerziehung einen neuen Menschen schafft, der dann eine neue Gesellschaft herstellt, oder indem er umgekehrt mit Gewalt eine neue Gesellschaft herstellt, aus der dann ein neuer Mensch hervorgehen soll.

So dreht sich das Weltrad der Erlösung, aber es gibt kein Entkommen für die Menschen – es sei denn, es komme jemand, der sie erlöste. Denn Erlösung kann nur von außen durch eine fremde Tat geschehen. Selbsterlösung ist ein Widerspruch in sich selbst. Darum die Bitte an Gott: »Erlöse uns von dem Bösen.«

Was Erlösung heißt, ist aus Jesu Botschaft zu vernehmen und an seinem Weg abzulesen.

Jesus verkündigt unter den Bildern vom »Vater« und vom »Reich« die heilsame Nähe Gottes – und bedeutet nicht eben dies schon »Erlösung«? In den biblischen Weissagungen wird der verheißene Erlöser »Immanuel« genannt, das heißt, der »Gott mit uns«: daß Gott ein Gott sein will, der mit den Menschen ist, und der Mensch darum einer, der mit Gott sein darf.

Gott kommt nicht mit einem goldenen Zauberschlüssel und schließt das Gefängnis, in dem die Menschen sitzen, auf, wie man Affen aus einem Käfig läßt. Das Reich Gottes ist weder ein Märchenschloß noch ein Freigehege. Aber Gott kommt zu den Menschen in ihre verschiedenen Gefängnisse und bleibt bei ihnen und hält mit ihnen aus. Und damit löst sich ihre Gefangenschaft, und sie werden frei.

Gottes Kommen in die Welt spiegelt sich in Jesu Wegen zu den Menschen wider. Jesus beschreitet nicht wie andere Heilsbringer den Höhenweg der olympischen Götter und ihrer Heroen; er wählt auch nicht wie politische Retter und Revolutionäre den Weg der Macht und Gewalt; sein Mittel ist einzig die Liebe in Wort und Tat, und darum führt sein Weg nach unten in die Tiefe. Wie könnte es auch anders sein, wenn wirklich Erlösung auf Erden geschehen soll? Denn die zu erlösen sind, sitzen stets unten in der Tiefe.

Indem Jesus Gottes freie Gnade verkündigt, befreit er die Menschen vom Zwang des Gesetzes. Er legt ihnen keine neuen Lasten auf, sondern nimmt ihnen ihre alten ab. Den Sündern nimmt er ihre Schuld, den Frauen gibt er ihre Ehre, die Kranken heilt er, mit den Ausgestoßenen ißt er, für die Armen und Entrechteten ergreift er Partei.

Darum herrscht um Jesu Person eine ganz andere Atmosphäre, weht eine andere Luft als in der damaligen Synagoge und allzu oft auch in der christlichen Kirche. Es ist der Luftzug der Erlösung – als gelangte man aus der Enge in einen weiten Raum. Die Freiheit hat schon begonnen.

Erlösung – das ist wie ein Aufatmen. Da gelangen ineins die Gottwerdung Gottes und die Menschwerdung des Menschen ans Ziel. Wo Gott der Schöpfer alles in allem ist, dort ist auch der Mensch, sein Geschöpf, zu sich selbst gekommen. Ob Glaube an das ewige Leben oder Hoffnung auf die Vollendung der ganzen Schöpfung – wie die endgültige Erlösung aussieht, läßt sich nicht mehr mit Worten ausdrükken. Eben darum beschreibt die Bibel es in lauter Bildern – positive Gegensymbole zum negativen Symbol der gefallenen Schöpfung.

Im Vaterunser ist die Antwort darauf der Lobpreis Gottes: »Denn dein ist das Reich und die Kraft und die Herrlichkeit in Ewigkeit. Amen.« Das Gebet endet in der Anbetung.

Dieser hymnische Schluß gehört zwar ursprünglich nicht zum Vaterunser, sondern ist ein späterer Zusatz, der aus der Liturgie des frühen christlichen Gottesdienstes übernommen ist – aber er ist an dieser Stelle theologisch sinnvoll. Der Lobpreis bedeutet eine nochmalige Verbürgung und endgültige Besiegelung des ganzen Gebets. Am Ende sieht der Beter von jedem Eigeninteresse ab und hat nur noch Gott im Blick. Er denkt allein an Gottes Gottheit, preist sein Reich, seine Kraft und seine Herrlichkeit und nennt damit noch einmal den Grund seiner Gewißheit, der ihn befugt und bewegt, Gott »unsern Vater im Himmel« zu nennen und darum das Vaterunser zu beten.

DIE BERGPREDIGT

Das Versprechen des Lebens – Wonach wir uns sehnen

MATTHÄUS 5–7

Sehnsucht nach »Leben«

Die Bergpredigt verspricht die Erfüllung unserer Sehnsucht nach dem »Leben«. Sie entwirft kein Sittengesetz, verkündet auch kein politisches Programm, sondern demonstriert zeichenhaft gelebten Glauben: wie ein in Gottes Gegenwart geführtes Leben aussieht. Sie zeigt nicht nur, was ein Mensch *tun* soll, sondern wie er *sein* kann.

Ursprünglich ist die Bergpredigt keine zusammenhängende Rede, sondern eine Sammlung von Worten Jesu, die er auf seinen Wanderungen durch Galiläa bei dieser oder jener Gelegenheit gesprochen hat. Natürlich hat Jesus nicht ständig in lauter Sentenzen geredet; vielmehr werden die überlieferten Einzelworte ursprünglich die Zusammenfassung einer Predigt, die Quintessenz eines Dialogs, das Resultat eines Streitgesprächs gewesen sein. Auch stammen längst nicht alle Worte der Bergpredigt von Jesus selbst; viele sind erst später von seiner Gemeinde geprägt und ihm in den Mund gelegt worden.

Dem entspricht, daß die Bergpredigt – wie das Vaterunser – in zwei verschiedenen Fassungen überliefert ist: als »Bergpredigt« bei Matthäus (5–7), als sogenannte »Feldpredigt« bei Lukas(6,17–49). Im Vergleich zu Matthäus bietet Lukas die ältere und knappere Fassung, bringt jedoch manche Worte, die bei Matthäus in der Bergpredigt stehen, an anderen Stellen seines Evangeliums, wie umgekehrt Matthäus Worte aus der Feldpredigt des Lukas außerhalb seiner Bergpredigt. Trotz der verschiedenartigen Überlieferung und theologischen Akzentuierung klingt durch die vielfältigen Stimmen der Bergpredigt beziehungsweise der Feldrede vernehmlich die eine Stimme Jesu aus Nazareth. Es ist sein Geist, der durch alle Worte weht und sie zusammenhält.

Bildet das Vaterunser das Glaubensbekenntnis Jesu, so fügt die Bergpredigt die Glaubenspraxis an.

»Als Jesus das Volk sah, ging er auf einen Berg und setzte sich; und seine Jünger traten zu ihm. Und er tat seinen Mund auf und sprach.«

Die Einleitung zur Bergpredigt mutet wie eine Gegendarstellung zur Sinaigesetzgebung im Alten Testament an. Wie einst Mose geht Jesus auf einen Berg und verkündet dem Volk Gottes Gesetz. Aber als Mose Israel das Gesetz gab, wurde zunächst eine strenge Grenze gezogen. Niemand durfte den Berg betreten oder auch nur seinen Fuß berühren. Das Volk mußte unten bleiben, allein Mose war es erlaubt, zum Gipfel hinaufzusteigen. Nachdem Gott sich dann in seiner Herrlichkeit auf dem Berg niedergelassen hatte, beschied er Mose zu sich und übergab ihm sein Gesetz. Und dieser stieg wieder hinab und verkündete es dem Volk.

Ganz anders geht es bei der Bergpredigt zu. Hier geschieht alles wie zufällig und darum auch ganz unfeierlich. Als Jesus die Volksmenge sieht, geht er voran auf einen Berg, um besser gehört und gesehen zu werden, setzt sich nieder, die Jünger rings um ihn, und fängt an zu lehren.

Die Bergpredigt ist eine Rede Jesu an seine Jünger, aber das Volk ist dabei und hört zu. Es wird nicht auf Distanz gehalten. Und das gilt bis heute. Zwar richtet die Bergpredigt sich an alle Menschen, zuerst aber an die Christen – nicht als Privileg, sondern als Verpflichtung.

Wie das Gesetz Moses die Stiftungsurkunde des Bundes zwischen Gott und dem Volk Israel ist, so die Bergpredigt das Grundgesetz des von Jesus angekündigten Reiches Gottes, die Magna Charta des Christentums. Damit bildet sie einen untrüglichen Prüfstein dafür, wie ernst es der Christenheit mit der Nachfolge Jesu ist. Man kann die Bergpredigt nicht auslegen, ohne an die schwere Hypothek zu erinnern, die die Christenheit hier mit sich schleppt. Darum ist es ratsam, zunächst nur auf ihre Verheißungen und Gebote zu hören, bevor man sich über die Erfüllbarkeit verständigt. Den Rabatt gewähren wir uns nachträglich immer noch früh genug.

Die Seligpreisungen

Gleich die ersten Sätze der Bergpredigt geben den Ton des Ganzen an. Sie beginnt nicht mit einem Katalog von Geboten und Verboten: Du sollst – du sollst nicht, sondern mit lauter Zusagen und Verheißungen: Ihr seid – Heil euch! Es sind die sogenannten »Seligpreisungen« – ein mißverständlicher Name; denn sie weisen nicht auf die ewige Seligkeit im Himmel hin, sondern wünschen Glück schon hier und jetzt auf Erden.

Die Seligpreisungen sind eine Glückwunschadresse an die scheinbar Unglücklichen in der Welt: an die Armen – die Leidenden – die Demütigen – die Barmherzigen – die reinen Herzens sind – die Friedensstifter – die nach Gerechtigkeit hungern und dürsten und deshalb verfolgt werden – lauter Leute, denen wir zu ihrem Leben nicht gratulieren würden.

In unserer Leistungs- und Konsumgesellschaft gelten andere Wertmaßstäbe. Da geht es nach dem Gesetz von Leistung und Lohn: Kannst du was, dann bist du was – darum laßt uns soviel wie möglich leisten, damit wir uns möglichst viel leisten können! Der Katalog, den wir aufstellen, lautet deshalb anders, etwa so:

Verraten sind die Armen, denn sie haben nichts einzubringen.

Verraten sind die Leidenden, denn sie sind ausgeschlossen aus der Gesellschaft.

Verraten sind die Demütigen, denn sie werden an die Wand gedrückt.

Verraten sind, die hungern und dürsten nach Gerechtigkeit, denn Macht geht vor Recht, und Geld regiert die Welt.

Verraten sind die Barmherzigen, denn Undank ist der Welt Lohn.

Verraten sind, die reinen Herzens sind, denn sie werden übers Ohr gehauen.

Verraten sind die Friedensstifter, denn sie werden zwischen den Fronten zerrieben.

Verraten sind, die um der Gerechtigkeit willen verfolgt werden, denn das Unrecht der Gewalthaber triumphiert über seine Opfer.

In den Seligpreisungen scheint Jesus die Welt auf den Kopf zu stellen – oder hat er sie vielleicht gerade auf die Füße gestellt? Hier geht es nicht nach der Weise der Moral, sondern der Religion: zuerst die geöffnete Hand, um Gaben zu empfangen, und danach erst die tätige Hand, Gaben auszuteilen. Es werden keine Ideale propagiert, keine Tugenden gepriesen und keine Leistungen belohnt, sondern Menschen werden so, wie sie sind und weil sie so sind, im Namen Gottes beglückwünscht.

Die Seligpreisungen erinnern an Jesu erste Predigt in seiner Heimatstadt Nazareth, als er während eines Gottesdienstes in der Synagoge aus dem Propheten Jesaja jene Stelle vorliest, die das Kommen des mit dem Geist Gottes gesalbten Heilsbringers der Endzeit ankündet: »Der Geist Gottes liegt auf mir, weil er mich gesalbt hat. Er hat mich gesandt, den Armen das Evangelium zu verkündigen, den Gefangenen zu predigen, daß sie frei sein sollen, den Blinden, daß sie sehen sollen, den Zerschlagenen, daß sie erlöst werden sollen – zu verkündigen ein Gnadenjahr Gottes.« Und dann beginnt Jesus seine Predigt über diesen Text mit dem überraschenden Satz: »Heute ist dies Wort der Schrift erfüllt vor euren Ohren.« (Jesaja 61,1ff.; Lukas 4,16ff.)

Die Seligpreisungen wirken wie eine Erfüllung der prophetischen Weissagung; sie tragen den Namenszug des charismatischen Heilsbringers der Endzeit.

Die Bergpredigt beginnt mit dem Glückwunsch an die Armen: »Heil den Armen im Geist; denn ihrer ist das Himmelreich.« Das ist wie eine Überschrift über dem Ganzen. Die erste Seligpreisung schließt bereits alle anderen in sich. Wer sie verstanden hat, versteht auch die folgenden.

Die geistliche Armut ist keine heimliche Tugend, kein »großer Glanz von innen«, wie Rainer Maria Rilke die Armut idealisiert hat. Das Wort bezeichnet ineins eine religiöse Haltung und eine soziale Stellung. Die »Armen« waren zur Zeit Jesu alle jene Leute, die vor lauter Daseinsvorsorge keine Kraft mehr für Religion hatten, die so schwer und lange arbeiten mußten, daß ihnen keine Zeit blieb, um die zahlreichen verzwickten Bestimmungen des göttlichen Gesetzes zu studieren, die darum notwendigerweise sündigten und deshalb ausgeschlossen schienen von Gottes Heil und Reich.

Die »geistlich Armen« sind mithin alle jene Menschen, die an die Grenzen ihrer Möglichkeit gestoßen sind:

- die vor Gott und den Menschen nichts vorzuweisen haben und darum auf Hilfe angewiesen sind;
- die unter dem Druck der Verhältnisse, in denen sie leben, nicht mehr lachen und nicht einmal mehr weinen können;
- die sich mit dem Leben, wie es ist, nicht abfinden wollen, sondern sich nach einem Leben sehnen, das mehr ist als das Leben, das sie führen;
- für die das Leben mit der Karriere noch nicht geschlossen ist;
- die nicht aufhören können, Fragen zu stellen, die auf das Ganze gehen und deshalb die eigene Person betreffen, und dabei Schuld, Leid und Tod nicht aussparen;

- für die Gott nicht kompliziert, wohl aber tief verborgen ist;
- die Gott nötig, aber von Theologie keine Ahnung haben;
- für die die akademische Theologie zu abstrakt ist, als daß sie sie verstünden, und die kirchliche Dogmatik zu kompakt, als daß sie sie zu schlucken vermöchten;
- die Gott zugleich mit ihrem eigenen Leid die ganze Welt vor die Füße werfen und dennoch um Gottes Tod trauern.

Jesu Wort an die geistlich Armen verlangt, die religiösen Frontlinien anders zu ziehen, als kirchliche Konvention dies gewöhnlich tut. Die entscheidende Trennungslinie läuft heute nicht zwischen den Christen und Nichtchristen, schon gar nicht zwischen Katholiken und Protestanten, sondern zwischen den Selbstzufriedenen und den Unruhiggewordenen, zwischen den Gleichgültigen und den Wartenden, zwischen denen, die fragen, und denen, die nicht mehr fragen. Und da kann es durchaus geschehen, daß Christen und Nichtchristen jeweils auf dieselbe Seite zu stehen kommen.

Zu den Armen zählen auch alle anderen, die Jesus glücklich preist: die Leidenden, denen die eigene Trauerarbeit keinen Trost verschafft; die Demütigen, die statt auf die Gewalt der Macht auf die Macht der Liebe bauen; die nach Gerechtigkeit Hungernden, die nicht auf der Seite der Starken, sondern den Schwachen zur Seite stehen; die Barmherzigen, die mit ihrer Auge in Auge geübten Hilfe die kalten Zwischenräume der Gesellschaft ausfüllen; die reinen Herzens sind und deshalb ihr Handeln am Auftrag statt am Erfolg orientieren; die Friedensstifter, die um der Versöhnung der Völker willen auch zu Rechtsverzichten bereit sind und sich den Vorwurf, »Verzichtspolitiker« zu sein, zur Ehre anrechnen; und schließlich die um der Gerechtigkeit willen Verfolgten, die für das Recht der Unterdrückten eintreten und dafür selbst Freiheit und Leben wagen.

Für diese alle ergreift Jesus im Namen Gottes Partei. Sie sind Gottes Günstlinge – ohne jede Vorbedingung und Leistung, einfach aus Liebe und Erbarmen –, weil sie arm sind.

Das Angebot ergeht an alle: Den Armen wird das Reich Gottes verheißen; die Leidtragenden sollen getröstet werden; die Demütigen sollen das Erdreich besitzen; die nach Gerechtigkeit hungern, sollen satt werden; die Barmherzigen sollen Barmherzigkeit empfangen; die reinen Herzens sind, sollen Gott schauen; die Friedensstifter sollen Gottes Söhne heißen; die Verfolgten sollen belohnt werden.

So verschieden die einzelnen Verheißungen lauten, so meinen sie doch alle dasselbe: Zusage der heilsamen Gegenwart Gottes, Teilhabe am Kommen seines Reiches.

Indem Jesus den Armen, den Leidenden, den Machtlosen, den nach Gerechtigkeit Hungernden und nach Frieden sich Sehnenden Gott zuspricht, gibt er denen, deren Leben hoffnungslos erscheint, frische Hoffnung und eröffnet ihnen damit eine neue Zukunft. Diese findet nicht erst in einem besseren Jenseits statt, sondern beginnt bereits hier im Diesseits: Es kann ein »Leben« schon vor dem Tod geben!

Aber sind das nicht fromme Sprüche? Religiöse Rhetorik, von der Geschichte längst widerlegt, nicht nur keine Utopie, sondern eine Illusion?

Auf Jesus selbst trifft der Verdacht nicht zu. Er ist nachweislich glaubwürdig. Bei ihm decken sich Glaube und Existenz, stimmen Wort und Werk überein. Er hat sich mit den Adressaten der Seligpreisungen solidarisiert: Wer Jesus sieht, erblickt einen Armen unter Armen, einen Leidenden unter Leidenden. Darum liegt über seiner Erscheinung ein Hauch von Revolution. Wer so redet und handelt wie er, ist für das religiöse und politische Establishment gleichermaßen ein Sicherheitsrisiko. Und so wird Jesus ausgeschaltet, gewiß ein Akt politischer Justiz – aber ein Fehlurteil?

Fragt man nach dem Grund von Jesu Vollmacht und dem Ursprung seiner Freiheit, so weist er selbst auf seine Gotteserfahrung hin: Gott will da sein für alle, für jeden so, wie er ihn nötig hat und braucht, insonderheit aber für jene, die kein Glück im Leben gehabt haben und sich deshalb von Gott und den Menschen verlassen dünken. Ihnen allen verbürgt Jesus Gottes Nähe, wie er sie selbst erfahren hat. Und eben dies ist es, was an seinem Leben aufscheint.

Seine Sensibilität für Gott treibt Jesus in die Solidarität mit den Menschen. Er empfängt sich selbst ganz und gar von Gott und gibt sich ganz und gar an die Menschen hin. Der Mensch für Gott ist zugleich der Mensch für andere. Und der Mensch für andere verwandelt wiederum Menschen in Menschen für andere. Seine Sympathie mit den Leidenden macht diese zu seinen Sympathisanten. Er zieht sie in das Kommen des Reiches Gottes hinein, so daß sie sich mit der Welt, wie sie ist, nicht länger abfinden, sondern sie zu verändern und zu verbessern trachten.

Wo also ist nun das Reich Gottes? Wo begegnen wir Gott? Überall dort, wo Menschen in Armut, Leid und Enge sitzen, wo Menschen sich für das Recht der Entrechteten einsetzen, wo Menschen an Menschen Barmherzigkeit üben, wo Menschen sich gegenüber Menschen menschlich verhalten, wo Menschen etwas für den Frieden in der Welt tun und wo Menschen um all dessentwillen von anderen Menschen verlacht, verspottet und verfolgt werden – dort überall ist Gottes Reich im Kommen. Gott also geschieht zwischen den *Menschen* – aber es ist *Gott*, der zwischen den Menschen geschieht.

Salz der Erde – Licht der Welt

Es ist Gott ums Offenbarwerden zu tun.
Gott ist nicht so sehr ein Sein als ein Geschehen, nicht ein Werden, sondern ein Wirken. Er ruht nicht genügsam in sich selbst, ihn treibt die Liebe aus sich heraus. Er ist daher in steter Tätigkeit begriffen: Er schafft die Welt, wählt sich den Menschen zum Partner und wirkt in allem Leben ohne Unterlaß – ein »unruhiger Treiber«.

Dies ist der Hintergrund, auf dem die beiden Bildworte von der Nachfolge Jesu stehen: »Ihr seid das Salz der Erde« – »Ihr seid das Licht der Welt«.

Salz der Erde, Licht der Welt – damit kündet Jesus in einem abgelegenen Erdenwinkel, im Bergland von Galiläa, eine Handvoll unbedeutender Leute um sich, den Beginn einer weltweiten Bewegung an, die berufen sein soll, die Welt zu verändern. Hier geschieht, was Jesus im Vollzug des ungestümen Offenbarungswillens Gottes von sich gesagt hat: »Ich bin gekommen, ein Feuer auf Erden anzuzünden«, weshalb seine Gemeinde ihn selbst später das »Licht der Welt« genannt hat.

Wohlgemerkt, es heißt nicht: Ihr sollt sein, sondern: Ihr seid. Hier werden keine Tugenden und Ideale postuliert, auch keine Forderungen und Leistungen aufgestellt, sondern Eigenschaften bildhaft beschrieben. Die Jünger bereiten nicht das Salz, sie erzeugen nicht das Licht, bauen auch nicht die Stadt auf dem Berg – sie *sind* dies, und darum *sollen* sie es sein. Indem sie Jesu Gottesverkündigung aufnehmen und weitersagen, salzen sie mit seinem Wort die Erde, erleuchten sie mit ihm die Welt und sind, gleich einer hochgelegenen Stadt, schon aus der Ferne zu erkennen.

Als Gottes Offenbarungsträger sind die Jünger in Pflicht genommen. Ihre Existenz muß der von ihnen vertretenen Sache entsprechen. Gewiß hängt die Wahrheit einer Botschaft nicht von der Qualität der Boten ab, wohl aber ihre Glaubwürdigkeit und Aufnahme bei den Menschen. Stimmen Wort und Werk überein, tritt das Innere in das Äußere über, dann »verkörpert« sich die Wahrheit und erregt »Aufsehen«.

»Salz der Erde« sind die Christen – sollen sie sein.
Die Eigenschaft des Salzes besteht darin, eine Speise vor Fäulnis und Verderben zu bewahren und den ihr eigenen Geschmack hervorzubringen. So sollen auch die Christen als das Salz der Erde die Welt nicht verchristlichen oder gar verkirchlichen – die Vorstellung von einer geschlossenen christlichen oder gar kirchlichen Welt ist ein Alptraum: damit wäre die Welt gründlich versalzen. Vielmehr sollen die Christen als das Salz der Erde die Menschen am Leben erhalten und ihnen zu dem ihnen eigenen Geschmack verhelfen, einem jeden zu dem seinen, allen miteinander aber zu ihrer gottgewollten Bestimmung, daß sie werden, was sie von ihrem Ursprung her sind: Menschen, Erde, Welt – Gottes gute Schöpfung.

Notwendig für die Erde wie das Salz zur Speise – sind die Christen das wirklich? Müßte die Erde dann nicht anders aussehen? Oder sähe die Erde vielleicht sogar anders aus, wenn es auf ihr weniger Christen gäbe, keineswegs schlechter, sondern womöglich gar besser?

Jesus warnt in der Bergpredigt: »Wenn nun das Salz nicht mehr salzt, womit soll man salzen? Es taugt zu nichts mehr, als daß man es wegschüttet und läßt es von den Leuten zertreten.« Ein Christentum, das fade geworden ist und keine

Würze mehr besitzt, nach wie vor aber mit großen Worten von seiner Weltsendung redet, macht sich lächerlich und verdient, auf denselben Kehrichthaufen der Geschichte geworfen zu werden, auf dem schon so viele Weltanschauungen, Ideologien und Theorien liegen.

»Licht der Welt« – das bedeutet Aufklärung der Welt durch den Glauben an Gott.

Im Licht der göttlichen Offenbarung erblickt der christliche Glaube nicht eine andere, neue Welt; er sieht diese Welt anders und neu, mit den Augen des Glaubens. Die Welt gläubig sehen heißt Gott weltlich und die Welt göttlich sehen. Außerhalb der Welt gibt es kein Heil.

Die Deutung der Welt als Welt Gottes liefert keine »Erklärung« der Welt – das ist Sache der Wissenschaft; sie bietet auch keine »Verklärung« der Welt – das ist die Gefahr jeder Utopie; sie bewirkt eine »Klärung« der Welt – »Aufklärung« in der ursprünglichen Bildbedeutung des Wortes: Wie die Nebel über einer Landschaft sich lichten und es aufklart, wenn die Sonne durchbricht, so klärt sich dem Glaubenden im Licht der Gottesverkündigung Jesu die Wirklichkeit der Welt, und er bemüht sich alsbald, diese »Lichtung der Welt« auch seinen Zeitgenossen einleuchtend zu machen.

Aber solche »Lichtung« geschieht nicht nach Art der Gnosis durch Gedanken und Ideen, verborgen gepflegt im frommen Winkel oder esoterischen Zirkel, sondern nach der Weise der Liebe durch »gute Werke«, darum so öffentlich wie eine »Stadt auf dem Berg«. In den Glaubenden brennt das von Jesus entzündete Feuer weiter, aber sein Wort muß sich verwirklichen in sichtbaren Werken. Schließlich zündet man auch nicht ein Licht an und stellt es unter ein Gefäß, unter dem es gleich wieder verlischt, sondern setzt es auf einen Leuchter, damit es allen im Hause leuchtet.

Geradeso sollen die Christen ihr Licht leuchten lassen vor den Menschen – nicht scheinheilig, sondern mit heiligem Schein –, so daß sie ihre guten Werke sehen und darüber den Vater im Himmel preisen. Auf diese Weise kommt Gottes Offenbarungswille unter den Menschen ans Ziel.

»Salz der Erde«, »Licht der Welt«, »Stadt auf dem Berg« – das bedeutet nicht »Corpus Christianum«, nicht »christliches Abendland«, sondern Existenz in der Diaspora. Die Christenheit beginnt sich heute wieder der Diaspora-Situation zu nähern. Das Zeitalter der repräsentativen Kirche neigt sich dem Ende zu – wie die Zeit der Truppenparaden, Galionsfiguren, Ordensfeste und livrierten Chauffeure. Wie es gewesen ist, wird es niemals wieder werden. Die Zeit der großen Zahlen ist vorüber. Die Christenheit wird künftig nur noch eine bescheidene Rolle in der Gesellschaft spielen. Die entscheidende Frage ist, ob sie nur kleiner oder ob sie auch kleinlicher wird, das heißt, ob sie sich zu einer schöpferischen Minderheit erneuert oder zur Sekte verkümmert.

Erlöst vom Willen zur Macht und vom Sog des Erfolgskults befreit, hat die Christenheit heute eine neue Chance, frei und gelassen ihres Glaubens zu leben und auf diese Weise zur schöpferischen Minderheit in der Gesellschaft zu werden. Weder sollen die Christen die Erde erobern noch sich der Welt anpassen, sondern sie sollen in sie hineingehen und sich auf sie einlassen, die »Kinder des Lichts« Hand in Hand mit den »Kindern der Finsternis« – als Salz der Erde, nicht als Zuckerguß, als Licht auf dem Weg, nicht als Scheinwerfer am Himmel.

Die Christenheit kann sich dadurch als eine schöpferische Minderheit in der Gesellschaft bewähren:

– daß sie an die Fundamente erinnert, auf denen der Mensch steht und die er sich selbst immer wieder untergräbt;

– daß sie die Grenzen des Wachstums anmahnt und auf den Riß hinweist, der sich durch alles Sein zieht;
– daß sie die Fragen wachhält, die auf das Ganze gehen und gerade deshalb die Person betreffen;
– daß sie die Sinnfrage radikal stellt und dabei Schuld, Leid, Verfall und Tod nicht ausspart;
– daß sie der Gesellschaft den Gefahrensinn schärft und sie zur nüchternen Einschätzung der Ressourcen anhält;
– daß sie die Ecken und Winkel der wissenschaftlich-technischen Welt und ihrer sozialen Riesenbauten nach vergessenen menschlichen Problemen ausleuchtet;
– daß sie in jede allzu sichere und selbstverständliche Kontinuität ein Stück Diskontinuität hineinträgt;
– daß sie den Fortschritt aus dem Tritt und damit auf den Weg bringt;
– daß sie alle Welt- und Menschenbilder offenhält, damit kein System den Schlußstein im Weltgebäude setzt und den Menschen darin einmauert;
– daß sie ihre eigenen Institutionen als zwar nötige, aber fatale Notinstitute betrachtet;
– daß sie stets ein Fenster offenhält, damit der Himmel hereinschauen kann.

Und dies alles nicht nur in Gedanken und Worten, sondern in Worten und Werken – dann kann die Stadt Gottes den Erdenbürgern nicht verborgen bleiben.

Die »bessere Gerechtigkeit« des Reiches Gottes

Wie Gott sich zu den Menschen verhält, so sollen die Menschen sich untereinander verhalten. Darum folgen auf die Seligpreisungen mit ihrem bedingungslosen Zuspruch alsbald Forderungen mit einem ebenso unbedingten Anspruch. Derselbe Jesus, der den Menschen in seinen Seligpreisungen ohne Wenn und Aber Gottes Heil zuspricht, sagt gleich darauf: »Denkt nicht, ich sei gekommen, das Gesetz oder die Propheten aufzulösen; ich bin nicht gekommen, aufzulösen, sondern zu erfüllen.«

Die Gnade ist umsonst, aber sie ist nicht billig. Darum: »Wenn eure Gerechtigkeit nicht besser ist als die der Schriftgelehrten und Pharisäer, so werdet ihr nicht in das Reich Gottes kommen.« Der Komparativ »besser« bezeichnet keine Steigerung, sondern einen Überstieg. Jesus radikalisiert das Gesetz des Mose – nicht, indem er es durch eine Heraufsetzung der Normen überbietet, sondern indem er durch den Wortlaut hindurch auf seinen Sinngrund, den Willen Gottes, vorstößt und aufdeckt, was ein Gebot jeweils zutiefst meint. Es kommt nicht darauf an, ein Gebot formal zu erfüllen, sondern Gott und dem Nächsten in der konkreten Lebenslage gerecht zu werden. Damit lenkt Jesus das Interesse von der eigenen Person weg auf den Nächsten, von der Sorge um die eigene Untadeligkeit auf die Fürsorge für die Unversehrtheit des anderen, daß ihm kein Schade widerfahre und Gottes Ebenbild in ihm nicht verletzt werde.

Das Maß der Gerechtigkeit ist die Liebe, und die Liebe ist allemal wichtiger als Recht, Ritus, Kultus und selbst Moral. Und so besteht die Erfüllung des Gesetzes in der Überbietung aller bisherigen Gerechtigkeit durch die Liebe: Es ist die neue Gerechtigkeit, die im Reich Gottes gilt. Das ist gemeint, wenn Jesus sagt, er sei nicht gekommen, das Gesetz und die Propheten aufzulösen, sondern sie zu erfüllen.

Wie die »bessere Gerechtigkeit«, die im Reich Gottes gilt, aussieht, zeigt Jesus an einigen Geboten. Ohne jede theologische Begründung oder Berufung auf eine Autorität, einfach nur kraft eigener Vollmacht stellt er dem überlieferten Gesetz des Mose seine Auslegung des Willens Gottes in scharfen Antithesen entgegen: »Ihr habt gehört, daß zu den Alten gesagt ist ... Ich aber sage euch.«

Während die jüdischen Schriftgelehrten die verschiedenen Auslegungen der mosaischen Thora gegeneinander abwägen, tritt Jesus ihr gegenüber und hält eine Art »Gegenrede«. Er interpretiert die Tradition nicht, sondern korrigiert sie – er legt den Willen Gottes neu aus. Damit stellt er sich nicht nur gegen Mose, sondern setzt sein Ich dem Ich Gottes gleich; denn das Gesetz galt als von Gott selbst gegeben und Mose nur als sein Vermittler.

Den Überstieg von der alten zur neuen Gerechtigkeit markiert die jedesmal wiederkehrende Formel »Nicht erst, sondern schon«. Der Mensch sündigt nicht erst mit dem, was er tut, sondern schon in dem, was er denkt und fühlt.

Nicht erst, wer einen Mord begeht, tötet – schon, wer seinem Nächsten zürnt, ihn beleidigt oder einen Narren schilt, spricht ihm sein Lebensrecht ab. Hier wird mit dem Fünften Gebot radikal ernst gemacht. Der Mord bildet nur die letzte Stufe einer lebensbedrohlichen Klimax. Vor aller handgreiflichen Tat schon wurzelt der Hang zum Töten, zur Verletzung und Vernichtung eines anderen Lebens, im

Herzen des Menschen. Da kündigt der Mensch in seinem Zorn die Gemeinschaft mit dem Nächsten auf: Er kann ihn nicht mehr ertragen. Wie von selbst folgt daraus die nächste Stufe: Der Zorn macht sich Luft in immer heftigeren Worten – und Worte können verletzen, manchmal sogar töten. Am Ende steht dann der tatsächliche Mord. So reicht der Prozeß des Tötens vom unbedachten Zorn über die bewußte Beleidigung bis hin zum unbeherrschten Totschlag oder gar wohlüberlegten Mord.

Darum: Wenn jemand seine Gabe auf dem Altar opfert und ihm dabei in den Sinn kommt, daß sein Nächster etwas gegen ihn hat, so soll er seine Opferhandlung unterbrechen und sich zuerst mit dem anderen versöhnen und danach seinen Gottesdienst fortsetzen. Denn Versöhnung ist wichtiger als rituelle Korrektheit.

Oder wenn jemand sich mit seinem Gegner auf dem Weg zum Gericht befindet, so soll er sich noch unterwegs mit ihm vertragen. Denn Nachgiebigkeit ist besser als Rechthaberei, und solange das Leben währt, ist Zeit zur Versöhnung.

Nicht erst, wer die Ehe leiblich bricht, begeht Ehebruch – schon, wer eine andere Frau oder einen anderen Mann begehrlich anblickt, tut es in Gedanken. Denn die eheliche Liebe umschließt beide Partner ganz, mit Leib, Seele und Geist. Wird ein Teil dieser Ganzheit verletzt, so wird die Ehe als ganze gebrochen.

Darum: Reiß dein Auge aus und hau deine Hand ab und wirf sie weg, wenn sie dich zum Abfall verführen!

Der Evangelist Matthäus hat Jesu striktes Verbot der Ehescheidung und Wiederverheiratung (Markus 10,11) durch die Einfügung einer Klausel gemildert: Im Falle, daß ein Partner die Ehe bricht, erlaubt er dem anderen, aus Rücksicht auf ihn, die Scheidung. Damit stellt Matthäus sich auf den Boden der Tatsachen und sucht nach einem

Weg für die Gemeindepraxis. Grundsätzlich aber hält auch er an der Unauflöslichkeit der Ehe fest.

Nicht erst, wer einen falschen Eid schwört, verstößt gegen Gottes Gebot der Wahrhaftigkeit – schon, wer ein Gelübde oder eine Zeugenaussage mit einem Schwur bekräftigt, ob nun bei Gott oder der Erde, bei Jerusalem oder dem eigenen Haupt. Die Schwurpraxis deckt die Unwahrhaftigkeit des Menschen auf und vergreift sich zudem an Gottes Hoheit, indem sie ihn zum Eideshelfer erniedrigt. Die Wahrheit bedarf nicht der Krücke des Eides. Sie redet auch nicht vorsichtig und verdeckt, sondern klar und wahr.

Darum: »Eure Rede sei: Ja, ja; nein, nein. Was darüber ist, das ist schon böse.«

»Ich aber sage euch« – ob Jesu Antithesen zum mosaischen Gesetz erfüllbar sind oder nicht, eines ist gewiß: Sie grenzen das Leben nicht neidisch ein, sondern fördern und weiten es. Und wer sehnte sich nicht nach einem Leben, in dem einer des anderen Lebensrecht achtet, in dem die Ehen gelingen und aufrichtige Gemeinschaft möglich ist? Das müßte das versprochene »Leben« sein.

Widersteht nicht dem Bösen!

Wenn von der »Bergpredigt« die Rede ist, denken die meisten zuerst oder sogar nur an jene Verse, in denen Jesus dem überlieferten mosaischen Gesetz das Gebot des Rechts- und Gewaltverzichts und der Feindesliebe entgegenstellt. Nun machen diese beiden Antithesen gewiß nicht die ganze Bergpredigt aus; aber in der Tat bilden sie den Höhepunkt der von Jesus verkündigten »besseren Gerechtigkeit«. Mit ihnen wird die Steigerung der Gerechtigkeit vollends zum Überstieg und die Liebe grenzenlos.

»Ihr habt gehört, daß gesagt ist: Auge um Auge, Zahn um Zahn. Ich aber sage euch, daß ihr dem Bösen nicht widerstehen sollt.«

Auge um Auge, Zahn um Zahn – das gilt allgemein als der krasseste Ausdruck hemmungsloser Vergeltung und grenzenloser Rachsucht. In Wahrheit jedoch meint dieses Wort das Gegenteil. Es hebt zwar die Vergeltung nicht grundsätzlich auf, dämmt sie aber ein, indem es die menschliche Selbstsucht in geordnete rechtliche Bahnen lenkt. Es ist das sogenannte »ius talionis« – der Grundsatz jedes nur denkbaren Rechts.

Aber eben diese Grundlage allen Rechts wird von Jesus aufgehoben: »Ich aber sage euch, daß ihr dem Bösen nicht widerstehen sollt.« Die Antithese bezieht sich auf den Rechtsprozeß. Sie besagt: Liebe geht vor Recht. Darum sollen die Christen auf ihr sogenanntes »gutes Recht« verzichten und es nicht mit Gewalt durchzusetzen suchen.

Wie solcher Rechts- und Gewaltverzicht aussehen kann, wird an vier extremen Fallbeispielen durchgespielt:

»Wenn dich jemand auf deine rechte Backe schlägt, so halte ihm auch die andere hin.« Gemeint ist der Schlag mit dem Handrücken auf die rechte Backe, der schon damals als besonders entehrend galt. Wenn Jesus nun sagt, daß, wer einen solchen Schlag empfangen hat, auch noch die andere Backe hinhalten solle, so bedeutet dies den Verzicht auf die Wiederherstellung der eigenen Ehre. Christen sollen nicht auf ihrer Ehre bestehen.

»Wenn jemand mit dir vor Gericht gehen will und dir deinen Rock nehmen, so laß ihm auch den Mantel.« Dieses Beispiel stammt aus dem Pfandrecht und besagt: Wenn jemand das Untergewand als Pfand haben will, so soll man ihm auch noch das wertvollere Obergewand dazugeben, ohne das man nicht auf die Straße gehen konnte und das am Abend zum Schlafen zurückgegeben werden mußte. Das bedeutet den freiwilligen Verzicht auf das juristisch zugesicherte Existenzminimum. Christen sollen nicht auf dem bestehen, was ihnen rechtmäßig zusteht.

»Wenn dich jemand nötigt, eine Meile mit ihm zu gehen, so geh mit ihm zwei.« Diese Forderung spielt auf das Requisitionsrecht der römischen Besatzungsmacht an, durch das ein Jude zu Wegweiser- und Lastträgerdiensten gezwungen werden konnte. Wenn Jesus nun sagt, daß man über die geforderte eine Meile hinaus freiwillig zwei Meilen mitgehen solle, so bedeutet das den Verzicht auf die Unantastbarkeit der Person. Christen sollen nicht auf ihren Grundrechten bestehen.

»Gib dem, der dich bittet, und wende dich nicht ab von dem, der von dir borgen will.« Dieses Beispiel führt über die Rechtssphäre hinaus in den Bereich privater nachbarschaftlicher Verhältnisse. Es bedeutet den Verzicht auf die eigene Habe. Christen sollen sich nicht ängstlich an ihren Besitz klammern.

All dies sind nicht nur harte Zumutungen, sondern lauter Unzumutbarkeiten. Erklärte man sie zur allgemeinen Maxime und schaffte entsprechend Polizei, Gerichte und Gefängnisse ab, so würde das Böse in der Welt überhandnehmen und nicht nur das Recht, auch die Liebe verschlingen.

Aber die Bergpredigt entwirft hier kein Programm für eine gewaltfreie Gesellschaft, rät auch nicht allgemein zur Nachgiebigkeit gegenüber der Macht des Bösen, sondern ermutigt den Einzelnen zum Rechtsverzicht gegenüber seinem Nächsten. Und dies geschieht nicht in der Form von Lebensregeln, die Punkt für Punkt zu erfüllen sind, sondern an Hand von Beispielen, die mit Phantasie beherzigt, nicht wörtlich nachgeahmt sein wollen. Die Gewaltlosigkeit ist eine Kunst des Möglichen, die eingeübt sein will. Und sie ist nichts für Feiglinge. Zu ihr bedarf es jenes Muts zum Sein, den die Bibel »Glaube« nennt.

Jesu Forderung des Rechts- und Gewaltverzichts bezieht sich zwar auf die Sphäre des Privatrechts, dennoch müssen sich die Christen fragen, ob es nicht an der Zeit sei, daß auch in der Politik die Liebe das Recht zu durchdringen und die Gewalt zu überwältigen beginnt. Auf die Dauer lassen sich die anstehenden Konflikte nicht mehr mit Gewalt lösen. Gewalt ruft stets neue Gewalt hervor, und so wird der Konflikt nicht gelöst, sondern nur angestaut bis zum nächsten noch größeren Gewaltausbruch.

Ob unsere Gesellschaft, ja die Welt nicht anders aussähe, wenn das Recht sich stärker mit der Liebe verbände und so die Gewaltlosigkeit unter den Menschen zunähme?

Liebt eure Feinde!

Zuinnerst verbunden mit der Forderung des Rechts- und Gewaltverzichts, diese womöglich noch übersteigend, ist Jesu Gebot der Feindesliebe: »Ihr habt gehört, daß gesagt ist: Du sollst deinen Nächsten lieben und deinen Feind hassen. Ich aber sage euch: Liebt eure Feinde und betet für die, die euch verfolgen, damit ihr Kinder eures Vaters im Himmel werdet.«

Das Gebot der Feindesliebe steht vor einem doppelten Hintergrund, einem menschlichen und einem göttlichen.

Der menschliche Hintergrund wird charakterisiert durch die Regel: »Du sollst deinen Nächsten lieben und deinen Feind hassen.« Darin drückt sich das Denken im Freund-Feind-Verhältnis aus, wie es sich instinktiv aus dem Willen zur Selbstbehauptung ergibt. Um sich behaupten zu können, muß man sich nach innen zusammenschließen und nach außen abschirmen. Und so liebt man den Nächsten und haßt den Feind, wobei man füglich fragen kann, ob Liebe und Haß hier nicht aus der Wurzel eines und desselben Gruppenegoismus stammen.

Von diesem instinktiven Denken im Freund-Feind-Schema sagt Jesus, daß es das normale Verhalten der Menschen zueinander sei. In der Tat leben wir in lauter Clans und damit in wechselnden Freund-Feind-Beziehungen: im Clan der Familie, der Nachbarschaft, der Partei, des Staates, des Volkes, der Konfession, der Religion. Vollends gefährlich aber wird das vom Willen zur Selbstbehauptung bestimmte Clan-Denken, wenn es moralisch begründet, ideologisch überhöht und religiös aufgeladen wird. Dann verwandeln sich die Andersdenkenden in Feinde und die Andersglaubenden in Ketzer, und der Kampf gegen sie wird zur sittlichen Aufgabe und religiösen Pflicht.

Dies ist der menschliche Hintergrund, auf dem das Gebot der Feindesliebe steht. Von ihm sagt Jesus: »Wenn ihr nur zu euren Brüdern freundlich seid und nur sie grüßt – was tut ihr damit schon Besonderes? Das tun auch die Zöllner und die Heiden.« Die Liebe zum Gleichen, zum Angehörigen desselben Clans ist das Selbstverständliche und Allgemeine in aller Ethik und Religion.

Den göttlichen Hintergrund, aus dem das Gebot der Feindesliebe sich ergibt, beschreibt Jesus mit einem Bild: »Gott läßt seine Sonne aufgehen über Böse und Gute und läßt regnen über Gerechte und Ungerechte.« Natur und Gnade spielen in diesem Bild zusammen. Auf sehr natürliche Weise, durch das Wetter, durch Regen und Sonnenschein, läßt Gott seine Ehrfurcht vor dem Leben erkennen: daß er der Vater aller Menschen sein will und seine Gaben daher nicht nach dem Proporz des Freund-Feind-Schemas austeilt. Er sieht die Menschen anders, nicht Freunde und Feinde, nicht Engel und Teufel, nicht Fromme und Gottlose, sondern Menschen: Geschöpfe und Kinder seiner Liebe. Es ist nicht der allmächtige Wettergott, der seine Gaben gleichgültig über die Menschen ausschüttet oder sie nach Maß verteilt, den Guten die Sonne zur rechten Zeit und den Bösen den Regen zur Unzeit – es ist »unser Vater im Himmel«, dessen Allmacht die grenzenlose Macht seiner Liebe ist.

Aus diesem Allerinnersten des christlichen Glaubens, aus dem Kern seiner Gottesverkündigung, sozusagen aus dem Christlichen des Christentums leitet Jesus das Gebot der Feindesliebe ab.

Die von Jesus gebotene Feindesliebe ist das Abbild der grenzüberschreitenden Vaterliebe Gottes. Wie Gottes Liebe keine Unterschiede macht, sondern grenzenlos ist, so sollen auch die Menschen in ihrer Liebe grenzenlos sein und keine Unterschiede machen. Wie aber kann sich solche Grenzenlosigkeit drastischer erweisen, als wenn die Liebe auch den Andersartigen, den Feind umgreift? Darum stellt Jesus der zweiseitigen, differenzierenden Regel der Allgemeinheit: »Du sollst deinen Nächsten lieben und deinen Feind hassen«, die einfache, nicht differenzierende Forderung des Reiches Gottes entgegen: »Ich aber sage euch: Liebt eure Feinde, bittet für eure Verfolger.«

Als vorzüglichste Gelegenheit, die Feindesliebe zu bewähren, nennt Jesus das Gebet. Damit korrigiert er unausgesprochen die Haltung jeder Art von Rachepsalmen, ob jüdisch oder christlich, nationalistisch oder fundamentalistisch, deutsch oder britisch. In ihnen stellt sich der Beter vor Gott gegen den Feind; bei der Fürbitte hingegen tritt er dem Feind an die Seite und legt ihn Gott ans Herz.

Wie die Forderung des Rechts- und Gewaltverzichts hat auch das Gebot der Feindesliebe den privaten Lebensbereich und damit den persönlichen Feind im Auge – die Völkerversöhnung liegt nicht im Blickfeld der Bergpredigt. Dennoch hat Jesu Gebot, die Feinde zu lieben, einen Prozeß der »Entfeindung« in Gang gesetzt, der über den privaten Lebensbereich hinaus in immer weiter ausgreifenden Ringen bis in die Weltpolitik hineinreicht.

In diesem Prozeß haben die Christen die ihnen eigene Rolle wahrzunehmen – als das »dritte Geschlecht«, wie die Christenheit im Altertum genannt wurde, als eine »Lobby in der Mitte«, wie wir heute zeitgemäßer sagen würden. Wie Jesus ein Zwischenträger zwischen Gott und den Menschen ist, so sollen die Christen Zwischenträger zwischen den Fronten sein, zwischen den Clans, Rassen, Klassen, Völkern, Kirchen und Religionen, keine Scharfmacher, sondern Friedensmacher, Übersetzer, die auf beiden Schultern tragen – bis hin zum möglichen Verdacht des Verrats.

Ein ewiges Reich des Friedens wird es auf der Erde niemals geben. Aber das wäre schon viel, wenn es gelänge, Feindschaften in Interessenkonflikte zu verwandeln, die dann nicht durch Kriege, sondern durch Verhandlungen gelöst würden.

Die Antithesen der Bergpredigt münden in die Forderung: »Darum sollt ihr vollkommen sein, wie euer Vater im Himmel vollkommen ist.«

Diese Forderung ist nicht moralisch, sondern religiös zu verstehen. Es wird nicht ein sittliches Ideal postuliert und die schrittweise Selbstverwirklichung des Menschen zur vollen Persönlichkeit in Aussicht gestellt. Vielmehr werden Gott und Mensch in der Vollkommenheit zusammengeschlossen: Wie Gott sich in seiner Liebe allen Menschen zugewandt hat, so soll auch der Wille der Menschen in ungeteilter Liebe auf Gott gerichtet sein. Darin spiegelt sich Gottes Vollkommenheit wider, und die Menschen werden zu dem, was sie sein sollen: Gottes Söhne und Töchter – und damit heile und ganze Menschen.

Richtet nicht!

»Richtet nicht« – damit tritt zur Forderung des Rechtsverzichts und zum Gebot der Feindesliebe als drittes Element die Warnung vor voreiligem Richten. Zwar zählt der Abschnitt der Form nach nicht zu den »Antithesen« und folgt auch erst an einer späteren Stelle der Bergpredigt (Matthäus 7,1–6), inhaltlich jedoch gehört er unbedingt hierher.

»Widersteht nicht dem Bösen« – »Liebt eure Feinde« – »Richtet nicht«: damit ist die Trias vollständig. Man könnte sie die dreifache »Friedensinitiative« der Bergpredigt nennen.

»Richtet nicht, damit ihr nicht gerichtet werdet.« Der Nachsatz offenbart den Horizont, in dem die Warnung steht, und gibt ihr ihren Ernst: Das Richten ist Gottes Sache, und Gottes endgültiges Gericht läßt alles menschliche Richten als vorläufig und deshalb als voreilig erscheinen. Darum ist es eine Posse, wenn Menschen sich auf Gottes Richtstuhl setzen und andere Menschen nach ihrem Recht richten und mit ihrem Maß messen.

Jesus kleidet dieses Verhalten in ein groteskes Bild: »Was siehst du den Splitter in deines Bruders Auge und nimmst nicht wahr den Balken in deinem eigenen Auge? ... Du Heuchler, zieh zuerst den Balken aus deinem Auge; danach sieh zu, wie du den Splitter aus deines Bruders Auge ziehst.« Es ist, wie wenn wir mit einem Fernglas verkehrt umgehen: Schauen wir auf den anderen, halten wir es so vor Augen, daß seine Fehler riesengroß aussehen; betrachten wir jedoch uns selbst, dann drehen wir das Fernglas um, und unsere eigenen Fehler erscheinen uns ganz klein.

Alle Menschen aber stehen in gleicher Weise unter Gottes Gericht. Darum handeln wir uns, wenn wir über andere urteilen, unser eigenes Urteil ein. Denn hier gilt Maß für Maß: »Nach welchem Recht ihr richtet, werdet ihr gerichtet werden, und mit welchem Maß ihr meßt, wird euch zugemessen werden.« Wie ein Schwirrholz fliegt unser Urteil über den anderen auf uns selbst zurück. Darum: »Richtet nicht, damit ihr nicht gerichtet werdet.«

Nirgendwo ist so viel gerichtet worden und wird immer noch voreilig gerichtet wie ausgerechnet dort, wo man an Gottes endgültiges Gericht glaubt.

Der Atheist Albert Camus hat, von Jesu Geist ergriffen, den Richtgeist in der Kirche so geschildert: »Sie haben den Heiland in der geheimsten Kammer ihres Herzens auf einen Richtstuhl gehißt, und nun schlagen sie drein; vor allem richten sie, richten in seinem Namen. Er sagte voll Milde zur Ehebrecherin: ›So verdamme ich dich auch nicht.‹ Das stört sie nicht, sie verdammen, sie sprechen niemand los ... Ob sie nun Atheisten oder Frömmler sind, Materialisten in Moskau, Puritaner in Boston, alle sind sie Christen, vom Vater auf den Sohn ... Sie erfinden schreckliche Regeln und errichten eilends Scheiterhaufen ... Lauter Savonarolas ... Aber sie glauben immer nur an die Sünde, nie an die Gnade.«

Zwar hat die Aufklärung in der Neuzeit die von der Kirche errichteten Scheiterhaufen gelöscht, aber der Richtgeist brennt in der Christenheit weiter, ja scheint sogar neu entfacht. Zur gleichen Zeit, in der die Zahl der Gläubigen abnimmt, wird der Maßstab der Rechtgläubigkeit strenger. Die Kirche ist gewiß das »Aufgebot des Glaubens« in der Welt, aber auf Jesu Wort hin glauben heißt nicht, alles Mögliche für richtig, sondern das Unmögliche für wahr halten:

daß die Menschlichkeit Gottes der Kern seiner Göttlichkeit ist. Aus dieser »Menschwerdung« Gottes aber haben die Christen ein Bündel von christologischen Richtigkeiten gemacht, über die sie nun rechthaberisch streiten.

Kommt einer daher und bekennt, daß er an die Liebe Gottes glaube, obwohl die Welt so ist, wie sie ist, wundert man sich nicht über solche Glaubensgewißheit, sondern beginnt flugs die Glaubensgegenstände abzufragen, ob der Glaubende sie auch alle bei sich hat: Jungfrauengeburt? Gottessohnschaft? Christi Blut? Leibliche Auferstehung? Leeres Grab? Himmelfahrt? Wohl dem, der glaubt, aber wehe dem, der anders glaubt als wir!

Wie ganz anders hat Jesus sich verhalten!

Da ist jene Frau aus der Gegend von Tyrus und Sidon, die wegen ihrer kranken Tochter hinter Jesus herschreit, eine Heidin, zudem eine schlichte Frau mit dumpfen magischen Vorstellungen – zu ihr sagt Jesus, nachdem er ihre Tochter geheilt hat: »Frau, dein Glaube ist groß.«

Da ist jener Hauptmann in Kapernaum, der wegen seines kranken Knechts zu Jesus kommt, auch er kein Jude, sondern ein Heide, dennoch gesteht Jesus von ihm: »Einen solchen Glauben habe ich in Israel bei keinem gefunden.«

Und da ist schließlich jene stadtbekannte Sünderin, die Jesu Füße salbt und sie mit ihren Haaren trocknet – auch zu ihr spricht Jesus: »Dein Glaube hat dir geholfen; gehe hin in Frieden!«

Allen diesen Menschen sagt Jesus auf den Kopf zu, daß sie glauben, ohne sie zuvor einer Glaubensprüfung unterzogen zu haben. Endgültige Gewißheit aber gibt es allein im Glauben; in der Theologie kursieren immer nur wechselnde Mutmaßungen über Gott.

Aus diesem Grunde hat auch die Kirche nicht das Recht, über Menschen zu richten, sie weder heilig zu sprechen noch sie zu verdammen. Es ist an der Zeit und wäre eines

Papstes wahrhaft würdig, nicht die Heiligsprechungen rückgängig zu machen, wohl aber die lange Liste der Verdammungsurteile zu annullieren, statt sie noch zu verlängern.

Als Jesus beim Abendmahl den Jüngern ankündigt, daß einer von ihnen ihn verraten werde, da fragen sie ihn nicht: »Wer ist's?«, sondern jeder fragt: »Herr, bin ich's?« Darum sollte, wenn es um den rechten Glauben in der Kirche geht, niemand von sich laut behaupten: »Herr, ich bin's!«, sondern jeder nur leise fragen: »Herr, bin ich's?«

Aber gibt es nicht eine Grenze des Verstehens und damit das Recht, ja die Pflicht, ein Gespräch abzubrechen?

Die Bergpredigt deutet dies mit einem dunklen Satz an: »Gebt das Heilige nicht den Hunden und werft eure Perlen nicht vor die Säue, damit die sie nicht mit ihren Füßen zertreten und sich umwenden und euch zerreißen.«

Es scheint Situationen zu geben, wo man seine Worte an die anderen nur verschwendet, wo man einer Unempfänglichkeit begegnet, die zum Heiligen ebensowenig eine Beziehung hat wie ein Hund zum geweihten Opferfleisch oder wie ein Schwein zu Perlen. Da muß man dann abwarten und dem anderen Freiheit und Zeit lassen. Blinder Eifer schadet nur.

Heuchelt nicht!

Gebt acht auf eure Frömmigkeit, heuchelt nicht, betet nicht auf offener Straße, stellt euren Glauben nicht zur Schau – so warnt die Bergpredigt. Aber wer tut dies denn noch? Verhält es sich heute nicht eher umgekehrt, daß die Zeitgenossen nicht mehr beten und die Christen ihren Glauben eher verleugnen als ihn öffentlich bekennen? Mag sein, daß es fromme Heuchelei noch in christlichen Gemeinden gibt – aber auch noch in der Öffentlichkeit?

Die Warnung vor Heuchelei birgt die Frage nach dem Motiv der Religion in sich, warum jemand fromm ist: ob es ihm dabei um Gottes Ehre und seines Nächsten Wohl geht oder ob er sich selbst darin spiegelt – Religion als Opium, aber nicht mehr zur Beglückung des Volks, sondern zwecks Erzeugung des eigenen glücklichen Bewußtseins.

Die Frage nach der »Innenseite« der Religion – ob die äußere Erscheinung zur inneren Absicht stimmt – wird an drei Beispielen aus der Glaubenspraxis kritisch entfaltet: an der Wohltätigkeit, am Fasten und am Gebet. Es sind die drei hauptsächlichen Frömmigkeitsübungen in allen großen Religionen.

In allen drei Fällen gilt die gleiche Warnung: Der Fromme soll nicht mehr scheinen als sein. Er soll nicht wie ein Schauspieler eine Maske tragen und nach dem Applaus des Publikums heischen und auf diese Weise seine eigene Frömmigkeit genießen. Der Fromme hat es allein mit Gott zu tun. Und Gott sieht in das Verborgene – da gibt es keine Zuschauer. Wer nach dem Beifall der Menge schielt, hat seinen Lohn dahin und von Gott nichts mehr zu erwarten.

»Wenn du nun Almosen gibst, so sollst du es nicht ausposaunen lassen.«

Der Wohltäter soll sich bei seinen guten Taten nicht selbst zusehen, sondern soll auf den Notleidenden blicken und seine linke Hand nicht wissen lassen, was die rechte tut. Unauffällig soll er handeln, nicht selbstgefällig, und sachlich tun, was nottut – wie der barmherzige Samariter in Jesu Gleichnis, der in der Wüste auch keine Zuschauer hat, als er auf den Überfallenen trifft und ihm sachgemäß hilft.

»Wenn ihr fastet, sollt ihr nicht sauer dreinsehen wie die Heuchler...«

Der Sinn des Fastens ist nicht der Verzicht auf Lust, sondern die Gesamtausrichtung des Lebens auf ein Ziel. Fasten bedeutet Umkehr und Klärung; es richtet den Ernst, statt auf Lächerlichkeiten, auf die wirklich wichtigen Entscheidungen. Wo eine solche Ausrichtung fehlt, verfällt jede Askese zwangsläufig der Lächerlichkeit. Wer seiner selbst mächtig bleiben will, muß verzichten lernen; er muß unterscheiden zwischen dem, was notwendig ist und was nur dem Reiz und dem Genuß dient. Wer in solcher Selbstzucht sein Leben führt, gewinnt die Freiheit und Unabhängigkeit, deren er bedarf, um dem Zwang der Konsumgesellschaft zu entrinnen und das Kommende mitzubestimmen.

Auf der Suche nach einem alternativen Lebensstil aus Protest gegen einen immer mächtiger werdenden Konsum gewinnt das Fasten heute neu erhöhte Bedeutung. Aber auch da droht die Heuchelei. Um vor den Menschen zu scheinen, sucht man möglichst unscheinbar zu erscheinen. Manchen möchte man an das Wort der Bergpredigt erinnern: »Wenn du fastest, so salbe dein Haupt und wasche dein Gesicht.« Es gibt eine alternative Selbstdarstellung, die unerträglich ist.

»Wenn ihr betet, sollt ihr nicht sein wie die Heuchler, die gern in den Synagogen und an den Straßenecken stehen und beten, damit sie von den Leuten gesehen werden.«

Das Gebet ist das Herzstück der christlichen Frömmigkeit. Wenn es hier, im Zentrum, nicht stimmt, wird auch alles übrige verkehrt. Darum ist es die ärgste Heuchelei, wenn selbst das Gebet zu einer Schaustellung wird.

Dazu erteilt die Bergpredigt zwei praktische Ratschläge.

Der erste lautet: »Wenn du betest, so gehe in die Kammer und schließe die Tür.« Gemeint ist die Vorratskammer, ein an das Haus angebauter fensterloser Schuppen, ohne Licht, aber mit vielen Gerüchen, der einzige verschließbare Raum im jüdischen Haus. Das Gebet findet, ganz und gar unfeierlich, mitten im weltlichen Alltag statt. Es ist ein Gespräch unter vier Augen, ohne Zuhörer, nur mit Gott als einzigem Gesprächspartner.

Der zweite Ratschlag zur Gebetspraxis lautet: »Wenn ihr betet, sollt ihr nicht plappern wie die Heiden...« Als ob man von Gott um so eher erhört werde, je mehr Worte man macht! »Euer Vater weiß, was ihr braucht, noch ehe ihr ihn bittet.«

Martin Luther hat die »rechte Weise des Betens« später so ausgedrückt: »Die rechte Weise ist, daß man wenig Worte mache, aber viel und tiefe Meinungen und Sinne. Je weniger Wort, je besser Gebet. Je mehr Wort, je ärger Gebet. Wenig Wort und viel Meinung ist christlich. Viel Wort und wenig Meinung ist heidnisch.«

Als ein Beispiel richtigen Betens steht in der Bergpredigt an dieser Stelle das Vaterunser. »Weniger Wort und mehr Meinung« als Jesus in diesem Gebet kann man kaum machen.

Auf das Vaterunser folgt noch eine Ermutigung zum Gebet, die besser als alle Warnungen und Ratschläge vor dem heuchlerischen Mißbrauch des Gebets bewahrt. Es ist die Erinnerung daran, daß das Gebet keine Leistung, sondern eine Ermächtigung bedeutet: »Bittet, so wird euch gegeben; sucht, so werdet ihr finden; klopft an, so wird euch aufgetan. Denn wer bittet, der empfängt; und wer sucht, der findet; und wer anklopft, dem wird aufgetan.«

Jesus begründet diese Zusage mit einem Rückschluß vom Kleineren auf das Größere. Er stellt zwei rhetorische Fragen: »Wer unter euch Menschen wird seinem Sohn, wenn er ihn um Brot bittet, einen Stein bieten – oder wenn er ihn um einen Fisch bittet, eine Schlange bieten?« Die Antwort darauf kann nur lauten: Niemand. Daraus ergibt sich der Rückschluß: »Wenn schon ihr, die ihr doch böse seid, dennoch euren Kindern gute Gaben geben könnt, wieviel mehr wird euer Vater im Himmel Gutes geben denen, die ihn bitten!« (Matthäus 7,7–11)

Die Gewißheit der Erhörung prägt den Stil der Frömmigkeit – sie bewahrt vor Heuchelei. Wer der Nähe Gottes gewiß ist, stellt seine Frömmigkeit nicht öffentlich zur Schau, damit die Leute sie sehen, sondern übt sie in der Verborgenheit, in die Gott hineinschaut – ob er Almosen gibt, fastet oder betet. Der Fromme glaubt an Gott um Gottes willen – darum »lohnt« sich für ihn der Glaube in jedem Fall. Letztes Ziel allen Betens bleibt die Vereinigung des Menschen mit Gott.

Sorgt nicht – vertraut und plant!

Die Sorge ist eine Grundverfassung des menschlichen Daseins in der Welt. Wie in der Natur sich aus einer Ursache eine Wirkung ergibt und diese wieder zur Ursache einer nächsten Wirkung wird und so fort in einer endlosen Kette – genauso kann man von einem Kausalzusammenhang der Sorge sprechen, von einer endlosen, nicht zu durchbrechenden Sorgenkette. Sorglose Kinder mag es für eine kurze Lebenszeit geben, sorglose Menschen auf Dauer nicht.

Zunächst fängt es ganz harmlos mit irgendeinem Gedanken an den nächsten Tag an, aber dann verwandelt der Gedanke sich wie von selbst in eine Sorge, und aus dieser wächst sofort wieder die nächste hervor. Immer hoffen wir dabei an einen Punkt zu gelangen, der dem Ganzen ein Ende setzt, an dem wir durch das Bedenken und Bewältigen einer vermeintlich letzten Sorge aus allem Sorgen herauskommen. Aber hier gibt es keine »Entsorgung« in irgendeinem Endlager. Noch niemals ist jemand durch Sorgen sorglos geworden.

Die Kausalkette der Sorge läßt sich nicht zu Ende denken – es sei denn, man endete bei dem Gedanken an den Tod. Aber ebenda stehen wir am Urquell allen Sorgens. Die Sorge ist das Verhalten des Menschen, der ahnungsvoll weiß, daß er ein zeitliches Wesen ist und daß es mit ihm daher »ein Ende hat«. Gegen das ständige Gleiten der Zeit verlangt er nach »Be-stand«. Er sucht Fuß zu fassen im Fluß der Vergänglichkeit, indem er dem nächsten Augenblick, der auf ihn zukommt, immer schon zuvorzukommen trachtet. So ist der Mensch ständig sich selbst vorweg. Um in der Gegenwart Halt zu finden, entwirft er sich in die Zukunft und sucht sie im voraus zu sichern.

Das ist die »Sorge« des Menschen: keine moralische Fehlleistung, sondern ein ontologisches Verhängnis. Sie entspringt mit Notwendigkeit aus dem Sein der Welt, sobald der Mensch sich seines Daseins in ihr bewußt wird.

In dieser Tiefe wurzelt auch die vielgestellte »Sinnfrage«. Wenn wir nach dem Sinn unseres Lebens in der Welt fragen, dann meinen wir damit nicht ein weltumspannendes System, in das wir alles, was in der Welt geschieht und was uns selber widerfährt, logisch einzuordnen vermöchten. Unsere Frage nach dem Sinn stammt nicht so sehr aus unserem Kopf als aus unserem Herzen; sie ist nicht so sehr eine intellektuelle als eine existentielle Frage. Wonach wir verlangen, wenn wir nach dem Sinn unseres Lebens in der Welt fragen, ist nach Gewißheit unserer eigenen Existenz. In jedem lebt eine elementare Sehnsucht, vertrauen zu können; wir möchten, daß uns die Welt verläßlich sei.

Aber weil die Welt diese Verläßlichkeit aus sich nicht hergibt, suchen wir sie uns mit den Mitteln eben dieser Welt selber zu verschaffen. Der Mensch verfügt über eine ganze Reihe von Mitteln und Möglichkeiten, mit denen er gegen die Flut der Vergänglichkeit anzukommen und seine Zukunft zu sichern hofft – vom Geld im Strumpf über ein gut gepolstertes Bankkonto und eigenes Haus bis zu den »ewigen Werten«. Damit sind wir zwar gesichert, jedoch nicht geborgen. Aber weil wir die Hauptstellung, den Tod selbst, nicht zu erobern vermögen, versuchen wir wenigstens unsere Vorfeldstellungen gegen ihn zu halten. Weil wir vor dem Letzten Angst haben, sorgen wir uns um das Vorletzte. Und so fragen wir: Was werden wir essen? Was werden wir trinken? Womit werden wir uns kleiden? Wo werden wir wohnen?

Gegen diese Fragen stellt Jesus sein Wort: »Sorgt nicht um euer Leben!« Das ist in erster Linie nicht ein Befehl, sondern eine Erlaubnis, eine Ermächtigung: Ihr braucht nicht zu sorgen! Jesus durchbricht die Kausalkette der Sorge, in der sich ohne Ende eine Sorge an die andere reiht, indem er das Leben insgesamt auf einen neuen, seinen wahren Grund stellt. Er ersetzt die Herrschaft der Sorge durch das Vertrauen auf Gottes Herrschaft. Darum lautet die Fortsetzung des Imperativs »Sorgt nicht«: »Vertraut!« Aber Jesus überfällt die Hörer nicht mit der Einladung zum Vertrauen, sondern führt sie schrittweise in die Freiheit.

Die erste Stufe, gleichsam die Elementarstufe, besteht darin, daß Jesus an den gesunden Menschenverstand appelliert und zum Nachdenken auffordert. Er fragt: »Ist nicht das Leben mehr als die Speise und der Leib mehr als die Kleidung?« Damit deckt er die Selbsttäuschung in allem Sorgen auf. Wer sorgt, denkt zu kurz. Er bleibt sozusagen im Vorfeld des Lebens, denn seine Sorge bezieht sich immer nur auf die Akzidentien, die »Lebensmittel«, auf Nahrung und Kleidung, aber sie erreicht nie das Wesentliche, die Voraussetzung von allem: das Leben selbst. Und so sorgt der Mensch sich am Leben vorbei. Wäre das Leben uns nicht gegeben, hätten wir überhaupt keine Gelegenheit, uns zu sorgen.

Das Leben aber ist unverfügbar. Wieder fragt Jesus: »Wer ist unter euch, der seines Lebens Länge eine Spanne zusetzen könnte, wie sehr er sich auch darum sorgt?« Die Antwort auf diese rhetorische Frage lautet nach wie vor: Niemand. Mögen wir heute auch durch Organverpflanzungen menschliches Leben verlängern und die Todesgrenze hinausschieben können – das Leben bleibt allemal durch den Tod begrenzt und also unverfügbar. Daher hat Schleiermacher Geborenwerden und Sterben »durchgehauene Aussichten« auf Gott genannt.

Aber nicht erst in extremen Situationen, wie Anfang und Ende des Lebens, geht uns die Unverfügbarkeit unserer Existenz auf. Wir erfahren sie schon täglich darin, daß sich unser Leben in einer ständigen Spannung vollzieht zwischen dem, was sich uns unbegreiflich entzieht, und dem, was sich uns unbegreiflich gewährt. Entzug des Lebens erfahren wir in allem Dunklen, Rätselvollen, Schmerzhaften, Lieblosen, das uns begegnet, in allem Abschiednehmen – in all dem entzieht sich uns das Leben wie das Wasser bei der Ebbe. Gewährung des Lebens erfahren wir in allem Hellen, Freudigen, Glückhaften, Liebevollen, das uns widerfährt, in jeder neuen Begegnung – in all dem gewährt sich uns das Leben wie das Wasser bei der Flut.

Diese Spannung des Lebens ist für uns unauflöslich. Wir können sie nicht etwa dadurch überwinden, daß wir einen Strich unter das Ganze ziehen und die Minus- und Plusseite gegeneinander bilanzieren, um festzustellen, welche von beiden Seiten am Ende überwiegt. Auf diese Weise werden wir niemals zu einem Ergebnis gelangen, jedenfalls nicht zu einem Vertrauen, das stärker wäre als unsere Sorge.

Die Unverfügbarkeit des Lebens enthüllt alle Sorge am Ende als eine Illusion.

Auf der zweiten Stufe des Weges in die Freiheit erinnert Jesus an die Schöpfergüte Gottes. Das Leben ist unverfügbar, weil es dem Menschen von Gott gegeben ist.

Während wir nach der Möglichkeit der Religion innerhalb der Grenzen der Vernunft zu fragen pflegen, traktiert Jesus hier die Vernunft innerhalb der Grenzen der Religion. Es gibt eine »Vernunft des Glaubens«, und diese spricht Jesus hier an: »Seht die Vögel unter dem Himmel! Sie säen nicht, sie ernten nicht, sie sammeln nicht in Scheunen; und euer himmlischer Vater ernährt sie doch ... Schaut die Lilien auf dem Felde, wie sie wachsen! Sie arbeiten nicht und spinnen nicht. Aber ich sage euch: Selbst Salomo in all seiner Pracht war nicht gekleidet wie eine von ihnen.«

Religion und Poesie gehören in der Predigt Jesu zusammen. So wollen die beiden poetischen Bilder von den Vögeln unter dem Himmel und den Lilien auf dem Felde nicht zur Sentimentalität verführen, sondern zum Vertrauen auf Gottes Schöpfergüte animieren. Natur und Gnade spielen darin zusammen. Durch einen Rückschluß a minori ad maius, vom Kleineren auf das Größere, zieht Jesus aus dem Walten Gottes in der Natur die Lehre für das Verhalten des Menschen: »Wenn Gott schon das Gras auf dem Felde so kleidet, das doch heute steht und morgen in den Ofen geworfen wird – sollte er das nicht noch viel mehr für euch tun, ihr Kleingläubigen?«

So ersichtlich Gott in der Natur für seine Geschöpfe – für Pflanzen und Tiere – sorgt, so gewiß sorgt er auch für die Menschen, daß sie zu leben haben. Denn Gott hat eine Leidenschaft für das Leben; seine ganze Schöpfung ist auf Leben hin entworfen.

Aber gibt es in der Natur nicht auch Sterben und Vergehen? Ist der Tod in der Schöpfung nicht ebenso verschwenderisch wie das Leben? Jesu Gleichnisse setzen das Wissen darum voraus. Aber Tod und Leben, Werden und Vergehen bilden für ihn ein zusammenhängendes Ganzes, einen mächtigen, ununterbrochenen Lebensstrom im Rhythmus von Werden und Vergehen.

Daß Gott das Leben will und darum in allem Leben seine Schöpfergüte wirkt, läßt sich an der Natur nicht unmittelbar ablesen. Gott ist kein Prinzip der Natur, sondern der Schöpfer der Welt – Vater im Himmel und auf Erden. Das aber kann ein Mensch sich nur im Glauben gesagt sein lassen; dann freilich kann er es in der Natur reichlich erkennen.

Der Creator bezeugt sich in unserem Kreaturgefühl. Es

sind primär nicht Gründe des Verstandes, die uns zu solcher Denkart führen – es ist das unmittelbare Bewußtsein einer »schlechthinnigen Abhängigkeit«, die auf dem Grunde allen Lebens ruhende Erfahrung, daß das Ich samt seiner Welt sich nicht selbst gesetzt hat, sondern sich einem anderen verdankt.

»Darum sollt ihr nicht sorgen und sagen: ›Was werden wir essen? Was werden wir trinken? Womit werden wir uns kleiden?‹ Nach dem allen trachten die Heiden. Euer himmlischer Vater weiß, daß ihr all dessen bedürft.« Dies ist kein Aufruf zu seligem Nichtstun, zu einer Art christlicher Wandervogelexistenz in Feld, Wald und Flur, sondern eine Ermutigung zum Glauben. Wir sollen es nicht den Vögeln und Blumen gleichtun und mithin nichts tun, sondern sollen uns gesagt sein lassen, daß Gott so wie für sie auch für uns sorgt. Seine schlechthinnige Abhängigkeit von Gott schenkt dem Menschen Unabhängigkeit und Freiheit – wider allen Augenschein der Welt.

Schließlich bietet Jesus den zentralen Inhalt seiner Verkündigung auf, um den Menschen von der Sorge zu befreien: »Trachtet zuerst nach dem Reich Gottes und nach seiner Gerechtigkeit, so wird euch dies alles hinzugegeben werden.«

Jesu Botschaft läßt sich streng auf zwei Grundwahrheiten konzentrieren, die seinem Reden von Gott eine einheitliche Grundierung geben und zusammengenommen das Christliche des Christentums ausmachen.

Die erste Grundwahrheit der Botschaft Jesu lautet, daß die Welt im tiefsten Grunde nicht in Ordnung ist, daß auch der Mensch nicht so ist, wie er sein soll. Den Beweis dafür bietet eben die Tatsache, daß der Mensch sich sorgt und daß die Welt ihm Anlaß zur Sorge gibt. Doch die Verfallenheit des Menschen und der Welt an die Vergänglichkeit bildet in Jesu Verkündigung kein eigenständiges Thema, sondern gibt nur den Hintergrund für die andere eigentliche Wahrheit her.

Die zweite eigentliche Grundwahrheit der Botschaft Jesu lautet: Dieselbe Welt, die im tiefsten Grunde nicht in Ordnung ist, und derselbe Mensch, von dem vorausgesetzt wird, wie er ist, der in jedem Fall nicht so ist, wie er sein soll, sind umfangen, gehalten, getragen und auf ein Ziel gerichtet von der Macht der Liebe Gottes. Diese Wahrheit hat Jesus aus Nazareth in die Welt gebracht, für diese Wahrheit hat er sich mit seinem Wort verbürgt. Er hat sie nicht nur gepredigt, er hat sie mit seiner ganzen Existenz gelebt. Er hat sie »ausgelebt« im wahrsten Sinne des Wortes: Er hat sein Leben an diese Wahrheit gesetzt und hat sein Leben darüber verloren. In diesem – geschichtlichen, nicht kultisch-magischen – Sinn kann man sagen, daß Jesus »für uns« gestorben sei.

»Trachtet am ersten nach dem Reich Gottes und nach seiner Gerechtigkeit!« Damit wird eine Rangordnung gesetzt. Wer zuerst nach dem Reich Gottes und seiner Gerechtigkeit trachtet, verläßt sich auf Gottes Nähe, wie Jesus selbst sie erfahren hat. Darum kann er loslassen, woran er sich voll Sorge festgehalten hat. Statt in Angst zu sorgen, kann er jetzt im Vertrauen planen. Seine Sorge um sich selbst verwandelt sich in die Fürsorge für den Nächsten und in Vorsorge für die Welt.

Am Ende erteilt Jesus noch einen praktischen Ratschlag: »Sorgt nicht für morgen, denn der morgige Tag wird für das Seine sorgen. Es ist genug, daß jeder Tag seine eigene Plage hat.« Was hier angeraten wird, ist eine Art Tagelöhnerexistenz. Wir sollen uns nicht der ganzen Zukunft auf einmal bemächtigen wollen, sondern sollen sie in lauter kleine Tagesrationen aufteilen. Auf diese Weise verteilt sich die Last, und wir kommen besser und rascher voran.

Solch schrittweises Vorgehen gilt auch im größeren Rahmen – in der Gesellschaft, Wirtschaft und Politik –, nur daß der »morgige Tag« hier nicht die nächsten vierundzwanzig Stunden, sondern die nächsten zwanzig Jahre umfaßt. Aber auch hier werden die großen Ziele nur durch kleine Schritte des Muts und des Vertrauens erreicht: Heute zunächst dies – morgen wird man weitersehen. So werden wir auf einen »langen Marsch« geschickt – in der Kirche, in der Gesellschaft, in der Politik.

Darum: Sorgt nicht, sondern vertraut und plant!

Gott oder Mammon

Glauben heißt Vertrauen, und worauf ein Mensch vertraut, woran er sein Herz hängt, das ist der Gott, an den er glaubt. Es gibt viele Götter, zu denen Menschen ihre Zuflucht nehmen, weil sie sich von ihnen alles Guten versehen. Jesus aber warnt vor allem immer wieder vor einem – vor dem Vertrauen auf den Mammon: »Es klebt und hängt der Natur an bis in die Gruben.« (Martin Luther)

Mit dem »Mammon« ist nicht nur Geld in monetärer Gestalt gemeint, sondern Besitz in jederlei Zustand, in der ganzen Vielfalt seiner Erscheinungsformen – alles, woran ein Mensch sich festhält, weil er sich anders sein Weiterleben nicht vorstellen kann. Darum haben auch die Christen bei den Bibelstellen, die vor der Gefahr des Reichtums warnen, stets am meisten weggehört.

Wenn wir verächtlich vom »schnöden Mammon« sprechen, lügen wir uns, wortwörtlich, in die eigene Tasche. Denn beim Geld hört für uns die Gemütlichkeit auf, in Gelddingen verstehen wir keinen Spaß – da werden wir ungemütlich: Religion und Eigentum sind »Privatsache«! Rührt jemand daran, so betrachten wir dies als einen Angriff auf unsere Souveränität – damit ist für uns der casus belli, der Kriegsfall, gegeben.

Jesus nennt, was wir treiben, »Mammonsdienst«. Das hört sich nach dem Namen einer Gottheit und somit nach Religion an. Und ist es dies nicht auch? Früher waren in einer Stadt die größten und mächtigsten Bauwerke die Kathedralen. Heute sind es die Banken und Versicherungen. Tritt man in ihre Hallen ein, so meint man, einen Tempel zu betreten. So prächtig stellt sich alles dar, so hingebungsvoll wird der Opferdienst vollzogen. Da gibt es Tempeldiener, amten Priester und Oberpriester, von Stockwerk zu Stockwerk höhere, ganz oben, unsichtbar, sogar einige Päpste. Wir aber, Gläubige und Gläubiger, Schuldige und Schuldner, knien nieder und beten an. »Denn«, sagt Jesus, »wo euer Schatz ist, da ist auch euer Herz.«

Götzendienst rottet man nicht durch Verbote und Verbrennungen aus. Falls es überhaupt gelingt, dann nur durch Aufklärung über die Nichtigkeit des angebeteten Götzen. Jesus versucht dies schrittweise, von Stufe zu Stufe, bis am Ende unausweichlich das Entweder-Oder steht: Gott oder Mammon.

Zuerst appelliert Jesus an den gesunden Menschenverstand, und der sagt: Es lohnt sich nicht, Schätze auf Erden zu sammeln. Irdischer Besitz ist vergänglich und gefährdet. Die Stoffe werden von Motten zerfressen, in die Truhen bohrt sich der Holzwurm, das Metall setzt Rost an, und Diebe brechen ein und stehlen. Wer sein Herz an irdische Schätze hängt, kommt daher nie aus der Unruhe heraus. Anders, wer sein Herz auf Gott gerichtet hat – himmlische Schätze sind unvergänglich.

Aber Lebensweisheit, mag sie auch noch so verständig argumentieren, reicht nicht aus, um einen Menschen zur Vernunft zu bringen; denn es genügt nicht, nur vernünftig zu sein, um das Vernünftige auch zu tun. Es kommt auf die Gesamtausrichtung des Lebens an, auf welches Ziel hin ein Mensch lebt, und dies wiederum hängt von seiner inneren Einstellung ab, aus welchem Grund heraus er lebt.

Jesus drückt dies in einem Bild aus: Im Auge spiegelt sich das Innere des Menschen. Ist das Auge lauter und klar, durchdringt Licht den ganzen Leib; ist es dagegen dunkel und böse, versinkt der ganze Leib in Finsternis: »Wenn nun das Licht, das in dir ist, Finsternis ist, wie groß wird dann die Finsternis sein!«

Entscheidend ist daher, wohin die »Blickrichtung« eines Menschen geht, ob auf Gott oder auf den Besitz – ein Drittes gibt es nicht: »Niemand kann zwei Herren dienen: Entweder wird er den einen hassen und den anderen lieben, oder er wird an dem einen hängen und den anderen verachten.«

Von diesem Entweder-Oder ist nichts abzumarkten; hier gibt es keinerlei Ausrede oder Abkommen. Es spielt keine Rolle, ob der Besitz betrügerisch erworben ist oder ob er verantwortungsvoll verwaltet wird, und es wird auch nicht dazu geraten, wohltätig zu sein und zu teilen. Vielmehr geht es einzig und allein darum, worauf ein Mensch vertraut und woran er sein Herz hängt, und das heißt: wer sein »Gott« ist – »denn wo dein Schatz ist, da ist auch dein Herz«.

Darum lautet das letzte Wort ohne Wenn und Aber: »Ihr könnt nicht Gott dienen und dem Mammon.«

Als Jesus bei einer anderen Gelegenheit ähnlich streng sagt, es sei leichter, daß ein Kamel durch ein Nadelöhr gehe als daß ein Reicher in das Reich Gottes eingehe, fragen seine Jünger ihn erschrocken: »Wer kann dann gerettet werden?« Darauf Jesus: »Bei den Menschen ist's unmöglich; aber alle Dinge sind möglich bei Gott.« Der Hinweis auf Gott soll die Jünger nicht beruhigen. Im Gegenteil, indem Jesus seine Antwort bewußt in der Schwebe hält, erinnert er sie an Gottes unverfügbaren Willen und hält sie zum Glauben an. Wer aber auf Gott vertraut, hängt sein Herz nicht an einen Götzen.

»Wer diese meine Rede hört und tut sie«

»Alles, was ihr wollt, daß euch die Leute tun sollen, das tut ihnen auch! Das ist das Gesetz und die Propheten.«

Dieser Satz bildet die sogenannte »Goldene Regel«. Was die Bergpredigt als die neue Gerechtigkeit des Reiches Gottes breit entfaltet, faßt sie zu einer knappen Summe zusammen und leitet so zugleich den Beschluß des Ganzen ein.

Die Goldene Regel ist in aller Welt verbreitet; meistens wird sie negativ formuliert. Zu einem bekannten deutschen Sprichwort geformt, lautet sie dann: »Was du nicht willst, daß man dir tu', das füg' auch keinem andern zu.« Negativ formuliert ist die Goldene Regel die Logik des Fairplay, der kluge Ratschlag eines naiven Egoismus.

Positiv gefaßt jedoch und als Summe der Bergpredigt verstanden, rückt die Goldene Regel in die Nähe zum neutestamentlichen Liebesgebot. Denn wenn man den Leuten tun soll, was man sich selbst getan wissen möchte, man für sich aber stets nur das Allerbeste wünscht, dann besagt dies gleichfalls: »Liebe deinen Nächsten wie dich selbst.«

Damit sind »das Gesetz und die Propheten« erfüllt, ist ihnen ihr wahrer Gottessinn zurückgegeben. Wer sich danach richtet, bedarf keiner kasuistischen Weisungen mehr, die bis ins einzelne gehen – er weiß, worauf es in jedem Fall ankommt.

Die Bergpredigt dringt auf die Erfüllung ihrer Worte durch die Tat. Entsprechend schließt sie mit drei Warnungen, indem sie jeweils zwei Wege, zwei Bäume und zwei Häuser einander gegenüberstellt. Von den zwei Wegen führt der eine ins Leben, der andere ins Verderben; von den zwei Bäumen trägt der eine gute, der andere schlechte Früchte; und von den zwei Häusern steht das eine auf Fels, das andere auf Sand.

Alle drei Warnungen blicken hinaus auf das Ende: »Am Ende wird es offenbar, was Wachslicht und was Talglicht war«, wie ein alter Grabspruch lautet, den Arthur Schopenhauer auf einem Danziger Friedhof gelesen hat.

Das Zwei-Wege-Schema ist ähnlich weit verbreitet wie die Goldene Regel. So steht zum Beispiel Herakles am Scheideweg und wird von der Tugend und dem Laster jeweils auf den einen oder den anderen Weg gelockt. Die Hörer der Bergpredigt werden am Ende gleichfalls an einen Kreuzweg gestellt: Der eine Weg geht durch eine weite Pforte und ist breit, führt aber in den Tod; der andere geht durch eine enge Pforte und ist schmal, führt aber in das Leben. Das Bild markiert die Scheidung zwischen den vielen, die Jesu Worten nicht gehorchen und ihm darum nicht nachfolgen, und den wenigen, die ihm nachfolgen und darum seine Worte tun.

Diese Trennungslinie aber läuft nicht zwischen den Christen und Nichtchristen hindurch, sondern geht auch mitten durch die christliche Gemeinde. Das Bekenntnis »Herr, Herr« ertönt sowohl auf dem schmalen als auch auf dem breiten Weg. Es gibt in der Gemeinde falsche Propheten, die sich mit dem Prophetenmantel kleiden, in Wahrheit aber Wölfe in Schafskleidern sind. Woran ist nun der wahre Jünger Jesu zu erkennen?

Das führt zu dem Bild mit den zwei Bäumen.

»An ihren Früchten werdet ihr sie erkennen.« Wes Geistes Kind ein Mensch ist, kann man an seinen Taten ablesen. Es verhält sich damit wie mit einem Baum und seinen Früchten: Ein gesunder Baum trägt gute Früchte, ein kranker aber schlechte; ein gesunder Baum kann keine schlechten und ein kranker Baum keine guten Früchte tragen. Die Werke, die ein Mensch tut, sind keine Anhängsel an seiner Person, sondern kommen aus dem Innersten seines Wesens. Darum muß ein Mensch umkehren und sich im Grunde seines Wesens ändern – dann wird man an seinen Taten sehen, wes Geistes Kind er ist.

Das Lippenbekenntnis genügt nicht, das Aufsagen rechtgläubiger Formeln reicht nicht aus: »Es werden nicht alle, die zu mir ›Herr, Herr‹ sagen, in das Himmelreich kommen, sondern die den Willen meines Vaters im Himmel tun.« Den richtigen Titel kennen und dann über Jesus Bescheid zu wissen meinen, ist ein Trugschluß – als ob solches Wissen schon Glaube wäre! Nicht der Titel entscheidet über die Botschaft, sondern die Botschaft über den Titel – die Botschaft aber will nicht nur mit Worten wiederholt, sondern mit Taten bekannt werden. Das Wort muß zur Tat werden. Aber selbst charismatische Wundertaten gelten nicht, wenn man sich ihrer rühmt, mag man auch dreimal beteuern, daß man in Jesu Namen geweissagt, böse Geister ausgetrieben und Kranke geheilt habe. Die christliche Gemeinde wird gewarnt, daß sie nicht anderen predigt und selbst verworfen wird.

Die Bergpredigt schließt mit dem Bild vom Hausbau: Wer Jesu Worte hört und tut sie, gleicht einem klugen Mann, der sein Haus am Berghang auf Fels gebaut hat. Als ein Platzregen kam und Wind und Wasser über das Haus herfielen, da fiel das Haus nicht, weil es auf Fels gegründet war. Wer Jesu Worte hört und tut sie nicht, gleicht einem törichten Mann, der sein Haus im Tal auf Sand gebaut hat. Als ein Platzregen kam und Wind und Wasser über das Haus herfielen, da fiel das Haus um, und sein Sturz war gewaltig.

Mit diesem Bild erinnert Jesus an das architektonische Grundgesetz allen Lebens: daß das Fundament wichtiger ist als der Bau. Es kann ein Mensch sein Haus bauen und ihm einen festen Boden geben – das jedoch genügt nicht. Vielmehr muß auch der Boden des Hauses wieder auf einem sicheren Grund ruhen – erst dann kann man sagen, daß das Haus ein stabiles Fundament besitze.

Den Grund seines Lebens kann der Mensch nicht selber legen; ein Mensch kann sich nicht selbst begründen. Der Grund aber ist gelegt. Es ist Jesu Wort. Auf diesen Grund bauen heißt, seine Worte tun – was er in der Bergpredigt sagt: dem Bösen nicht widerstehen, die Feinde lieben, nicht richten, nicht heucheln, nicht sorgen...

Der Sinn der Bergpredigt erschließt sich allein im Tun.

»Und es geschah, als Jesus diese Rede beendet hatte, entsetzte sich die Menge über seine Lehre. Denn er lehrte wie einer, der Vollmacht hat, und nicht wie ihre Schriftgelehrten.«

Mit diesen Worten schließt der Bericht über die Bergpredigt und leitet damit zugleich ihre Wirkungsgeschichte ein. Das »Entsetzen« der ersten Hörer setzt sich in der Christenheit fort und spiegelt sich in der Vielfalt ihrer Auslegungen wider. Sie bieten alle nur denkbaren Spielarten zwischen endzeitlichem Radikalismus und bürgerlicher Moral:

Die Bergpredigt ist nicht für alle Christen verbindlich, sondern nur für einen elitären Kreis solcher, die nach der Vollkommenheit streben (Mönchtum) – Sie ist nur für das private Leben, nicht aber für das öffentliche Handeln in Staat und Gesellschaft bestimmt (rechter Flügel der Reformation/Luthertum) – Sie gibt die Grundlage für die Verfassung der Gesellschaft her und muß in diesem Sinn, freiwillig oder mit Zwang, verwirklicht werden (linker Flügel der Reformation/Täufertum) – Sie hält dem Menschen einen Spiegel seiner Sünde vor, damit er umkehre und seine Zuflucht zur Gnade des gekreuzigten Heilands nehme (Pietismus) –

Sie appelliert an das Gewissen des Einzelnen und fordert eine neue Gesinnung, keine konkrete Verwirklichung (liberale Theologie) – Sie bietet eine radikale »Interimsethik« für die letzte Zeit bis zum unmittelbar erwarteten Hereinbruch des Reiches Gottes (konsequente Eschatologie) – Sie stellt Jesus Christus als einen Menschen dar, der um unsretwillen das Gesetz Gottes ganz erfüllt hat (dialektische Theologie).

Alle diese Auslegungen der Bergpredigt sehen eine richtige Seite, aber für sich genommen ist jede einseitig und verfälscht daher eher den Gesamtsinn, als daß sie ihn erhellt. Im ganzen überwiegt in der Geschichte der Christenheit die Überzeugung, daß die radikalen Forderungen unerfüllbar seien. Viele Generationen waren daher der Meinung, daß man mit der Bergpredigt »nicht die Welt regieren« und mit ihr »keinen Staat machen« könne. Die Folge war, daß die Christen sich gegen ihre radikalen Forderungen abzuschirmen und sich so oder so mit der Bergpredigt zu arrangieren suchten.

Spätestens in unserem Jahrhundert aber haben wir die Erfahrung gemacht, daß es augenscheinlich nicht angeraten ist, gegen die Bergpredigt zu leben und ohne sie die Welt regieren zu wollen. Unter dem Eindruck der wachsenden Bedrohung der Menschheit haben Christen und Nichtchristen in unseren Tagen sozusagen die Bergpredigt wiederentdeckt. Als Antwort auf die Herausforderung durch die weltweite Überlebenskrise suchen sie ihre Forderungen ernst zu nehmen, statt sie von vornherein für unerfüllbar zu halten.

Gewiß bietet die Bergpredigt keine Handlungsanweisungen im konkreten Einzelfall; ihre Forderungen sind daher nicht buchstäblich zu erfüllen. Auch bedarf es des Sachverstandes und einer entsprechenden Mitarbeit von Fachleuten, was wiederum leicht zu Auseinandersetzungen führt. Allzu oft aber dient die Warnung vor »Patentrezepten« nur als Entschuldigung für das eigene Nichtstun, wird die Liebe durch angebliche Sachzwänge erstickt und verführen die Konflikte zu faulen Kompromissen.

Allein im konkreten Handeln kann sich erweisen, was möglich und was unmöglich ist, was das Leben fördert und was es zerstört. Darum sollte am Beginn nicht das ängstliche Abwägen des Unmöglichen gegenüber dem Möglichen, sondern das mutige Probieren des Möglichen stehen. Christen und Nichtchristen befinden sich im Umgang mit der Bergpredigt in den Anfängen eines Lernprozesses, in dem es um die Umkehr der Menschheit in die Zukunft geht.

In den meisten Fällen wissen wir sehr genau, was vernünftigerweise zu tun ist, um die anstehenden Probleme und Konflikte zu lösen – wir tun es nur nicht. Was uns daran hindert, das als vernünftig Erkannte zu tun, ist unser aller Lebensangst – die Wurzel unserer Habsucht. Mit Vernunft allein ist diese Angst nicht zu meistern. Denn die Vernunft liegt in demselben Krankenbett wie der Mensch selbst. Unser aller Vernunft ist immer schon von Ängsten, Trieben, Vorurteilen und Leidenschaften besetzt.

Um vernünftig zu handeln, bedarf es daher einer Kraft, die die Lebensangst überwinden hilft. Wenn der den Menschen beherrschende Affekt die Angst ist, dann muß dies notwendig ein Affekt sein, der der Angst überlegen ist – mithin das Vertrauen auf einen Grund, der das ganze Dasein des Menschen, sein Leben und sein Sterben, gründet, hält und trägt. Es ist jener Mut zum Sein, den die Bibel »Glaube« nennt.

Darum versteht die Bergpredigt nur, wer sie nicht als ein abstraktes Stück Moral für sich nimmt, sondern sie einbindet in die Gottesverkündigung Jesu, in seine Erschließung des Grundes und Ziels allen Seins: daß als die letzte, unbedingte Macht über allem Dasein die Liebe waltet – und dies nicht obenhin und allgemein als abstrakte Lehre oder ewige

Idee in einem göttlichen Séparée, sondern als die konkrete Zusage, daß Gott dem Menschen in der hiesigen Welt nahe ist und ihn liebt.

Zur Erfüllung der Bergpredigt gehören ineins Glaube und Vernunft, religiöse Sensibilität und schöpferische Phantasie. »Das Sittliche ohne das Heilige ist nicht lebensfähig.« (Carl Friedrich von Weizsäcker) Wo die Liebe zur bloßen Moral wird, dort entartet sie zu einer kolossalen Anstrengung und zu einem ungesunden Krampf und schlägt am Ende lieblos um sich. Wir heißen euch lieben – aber wehe dem, der eine andere Liebe hat als wir!

Nicht ahnend, wie er selbst einmal dieses Wort bewahrheiten würde, schreibt Dietrich Bonhoeffer in der »Nachfolge«: »Menschlich gesehen, gibt es unzählige Möglichkeiten, die Bergpredigt zu verstehen und zu deuten. Jesus kennt nur eine einzige Möglichkeit: einfach hingehen und mit dem Tun anfangen.«

ANHANG

Ein Nachwort

Ein Vater hatte zwei Söhne. Als sie erwachsen waren, teilte er sein Erbe unter sie und zog fort – und, wie's scheint, ließen die Söhne den Vater nicht ungern ziehen.

Verlassen von ihrem Vater, lebten die Söhne fortan allein. Sie taten es, so gut sie es vermochten – und sie vermochten viel. Kriege kamen über ihr Land; es gab Katastrophen, Hunger, Teuerung und Leid. Aber sie standen dies alles tapfer miteinander durch – sich selbst ein Wunder.

Schließlich gingen sie daran, die alten Gebäude niederzureißen und das ganze Leben neu zu ordnen. Es sollte alles anders und besser werden, als es zur Zeit des Vaters gewesen war. Anfangs hatten die beiden Söhne noch häufig von ihrem Vater gesprochen. Doch allmählich hatten sie sich daran gewöhnt, daß der Vater nicht mehr da war. Ob sie ihn ganz vergessen haben oder im stillen bisweilen noch an ihn denken, davon weiß der Erzähler nichts zu berichten, ebensowenig davon, ob der Vater eines Tages wieder heimgekehrt ist. Denn noch ist diese Geschichte nicht zu Ende.

Ich könnte mir aber die folgende Fortsetzung denken:

Eines Tages brach der jüngere der beiden Söhne auf und machte sich auf den Weg, um den verlorenen Vater zu suchen. Nach einer langen Reise traf er in einer unwirtlichen Gegend unversehens auf einen Menschen, den Räuber überfallen und halbtot am Wege liegen gelassen hatten. Er stieg vom Pferd, trat an den Überfallenen heran und beugte sich über ihn, um ihm aufzuhelfen. Da sah er, daß es sein älterer Bruder war, der gleich ihm ausgezogen war, um den verlorenen Vater zu suchen.

Als die beiden Brüder einander erkannten, da war ihnen ihr gemeinsamer Vater wieder gegenwärtig.

Schlagwortregister